KB098721

초등학교의 다문화학교 경영과 다문화교육

대원 다문화연구 총서 5
초등학교의 다문화학교 경영과 다문화교육

2016년 10월 5일 초판 인쇄
2016년 10월 10일 초판 발행

지은이 | 이영실
펴낸이 | 이찬규
펴낸곳 | 북코리아
등록번호 | 제03-01240호
주소 | 13209 경기도 성남시 중원구 사기막골로 45번길 14
      우림2차 A동 1007호
전화 | 02-704-7840
팩스 | 02-704-7848
이메일 | sunhaksa@korea.com
홈페이지 | www.북코리아.kr
ISBN | 978-89-6324-490-7(94370)
      978-89-6324-506-5(세트)

값 15,000원

*본서의 무단복제를 금하며, 잘못된 책은 바꾸어 드립니다.
*본 대원 다문화연구 총서는 대원 서윤석 회장의 연구발전기금을 지원받아 인하대 아시아다문화융합연구소에 의해 발간되었습니다.
*이 도서의 국립중앙도서관 출판예정도서목록(CIP)은 서지정보유통지원시스템 홈페이지(http://seoji.nl.go.kr)와
 국가자료공동목록시스템(http://www.nl.go.kr/kolisnet)에서 이용하실 수 있습니다. (CIP제어번호 : CIP2016024123)

대원 다문화연구 총서 **5**

초등학교의
다문화학교 경영과
다문화교육

이영실 지음

북코리아

서문

다문화사회에서 제기되는 다문화교육에 대한 다양한 쟁점에 관하여 초등학교장의 인식을 살펴보고 난 후, 다문화교육의 활성화를 위한 초등학교장의 역할 및 다문화교육정책에 대한 이해와 실천 방안을 제시하고자 한다. 우리 사회가 점점 빠르게 다문화사회로 진입하고 있는 과정에 있기 때문에, 특히 학교 교육 내에서의 변화는 시급히 처리해야 할 과제가 되었다. 따라서 이 책에서는 단위 학교의 수장인 학교장의 역할과 다문화교육의 실천 방안 및 학교장의 다문화 역량 강화를 위한 구체적인 대안을 제시하고자 하였다.

이러한 연구목적을 달성하기 위하여 연구의 각 장에서 다룬 내용을 요약·정리하면 다음과 같다.

1장에서는 다문화사회로의 변화 속에서 다문화교육의 필요성과 다문화교육정책의 비전과 목표로 다문화교육의 기반이 되는 다문화주의 담론, 다문화사회에 대한 현실 인식과 전망 등을 다루었다.

2장에서는 여러 학자들의 선행 연구를 학교장의 직무와 관련지어 조사하여 분석하였다. 학교장은 첫째, 교사와 학부모가 먼저 다문화교육에 관심을 가지도록 교육 리더가 되어야 하고, 둘째, 교육과정의 구성요소를 재구성 및 내용을 통합하여 모든 학생들의 지적·개인적·사회적 잠재력을 최대한 실현할 수 있도록 지원해야 하며, 셋째, 언어차별, 성차별, 인종차별, 계급차별이 없도록 공정한 교육을 진행하여 다양한 계층, 인종, 문화집단의 학생들에게 균등한 교육 기회를 제공해야 한다. 마지막으로 학교문화와 조직을 유연하게 운영하고 연수를 통해서 다문화를 이해하여 말이나 행동으로 실생활에서 실천할 수 있도록 해야 한다. 그러므로 다문화교육의 운영 관리자로서 학교장은 책무성을 가지고 다문화교육에 대한 인식을 제고해야 하며, 학교 교육을 통해 현실적으로 요구되는 다문화교육에 관심과 노력을 가져야 함을 알 수 있었다.

3장에서는 연구 결과의 일반성을 향상시키고 질적·양적 연구가 이론과 실천에 대한 보다 완전한 지식을 산출하는 데 도움이 되기 때문에 양적 연구 방법과 질적 연구 방법을 함께 사용하는 통합적 연구 방법을 논하였다. 양적 연구로서 초등학교 교장들의 인식 조사를 하고, 질적 연구로서 다문화 중심학교 교장들을 대상으로 한 심층 인터뷰를 실시하였다. 이를 통해 다문화학교 운영의 바람직한 방향을 모색하고자 하였다.

4장에서는 학교장을 대상으로 한 설문지 조사를 토대로 학교장의 다문화교육 전반에 관한 인식 실태를 다음과 같이 분석하였다.

첫째, 다문화교육을 위한 학교장의 인식이 매우 중요하며 더불어 다문화교육과 관련된 의사결정을 누가 내리고, 누가 어떻게 수행하는가에 대한 논의가 다문화교육의 역량 강화 대상을 규정하는 다문화교육정책의 한 측면으로 반드시 포함시켜야 한다.

둘째, 다문화교육 관련 연구는 교수학습 방법 및 모형, 교육과정 분석 연구와 더불어 다문화교육에 대한 인식 및 태도에 대한 논문이 2000년 이후 꾸준히 다루어지고 있으나 연구의 대상이 주로 유치원, 초등학교 및 중등학교 교사들에 치우쳐 있었다. 따라서 여러 변인들에 따른 심층분석을 통해 연구 대상을 학교 관리자 등으로 확대시킬 필요가 있다.

셋째, 다문화교육과 관련한 선행연구를 통해 교사의 다문화적 인식이 학교 다문화교육의 성공을 좌우하는 중요한 요소라는 것을 알 수 있었다. 그러나 대부분 학교 교사들을 대상으로 한 다문화 및 다문화교육에 대한 인식 및 태도에 그쳐서 다문화교육의 학교문화 정착에 한계점이 드러났다. 따라서 다문화교육에 대한 의사결정권을 갖고 있는 학교 관리자와 교육 전문직 등을 대상으로 다문화교육에 대한 인식, 가치 태도 등을 파악하여 다문화교육의 활성화 방안을 연구할 필요가 있다.

5장에서는 다문화학생이 우리 사회의 소중한 인재로 성장할 수 있게 학교생활에 바르게 적응할 수 있도록 학교가 중심이 되어 재능을 살리고 부족한 부분을 지원하고, 다양한 다문화교육정책을 실행하는 데 있어서 가장 중요한 것은 교원의 전문성 함양과 학교장의 의지이다. 학생의 다문화 역량 개발, 나아가 전 국민의 역량 개발을 위해서는 교사와 다문화 관련 종사자 및 학교장의 다문화 역량 강화가 무엇보다 절실하다. 정부에서도 이를 인식하여 교사 및 관리자 연수를 실시하고 사회통합 거점대학을 통해 전문가를 양성하고 있으나, 그 과정 및 내용을 들여다보면 너무나 부족한 실정이다. 향후 교육과정에 대한 보완 등을 통해 전문가로서의 자질과 능력을 갖추는 교육 및 연수가 되어야 할 것이다.

또한 현재 추진 중인 인천광역시의 다문화가정 지원정책도 관계 기관과 유기적으로 연계하여 다문화학생에 대한 교육정책의 시너지 효과를 제고하여야 할 것이다.

4장과 5장에서 학교장의 다문화교육에 대한 인식 및 경험에 대해 살펴본 결과, 다른 나라의 문화를 이해하는 교육이나 단순 체험 위주의 일회성 다문화 이해 교육은 우리 안에 녹여져 있는 다문화의 진정을 이해하는 데 큰 도움이 되지 않는다는 것이 설문을 통해서 드러났다. 인구 통계학적 특성에 따른 다문화교육에 대한 인식에는 유의미한 차이가 나타나지 않았지만, 학교장들이 알고 있는 다문화 이해 교육의 내용이 다문화교육의 목표와 일치하지 않는 피상적인 수준의 일회성 활동이 많다는 것을 알 수 있었다.

이러한 상황에서 다문화교육의 학교장 역할은 더욱 중요하다고 할 수 있을 것이다. 특히 학교장의 다문화에 대한 사회적 인식의 긍정적 변화를 바란다면 더욱 그러할 것이다. 한국 사회가 본격적인 다인종·다문화 국가로 진입하는 데 그리 오랜 시간이 남지 않은 상황에서 다인종·다문화 시대의 근간인 청소년들이 평화적으로 다문화를 영위하고 공존하며 성장하고, 성인이 되어서도 현명하게 상생하기를 바란다면 지금부터라도 그러한 환경을 마련해 주어야 하며, 다문화교육 전문가와의 심층 인터뷰를 통해 좀 더 학교장의 다문화교육의 실천을 도모하는 방안을 모색해야 할 것이다.

5장에서 실시한 다문화 관련 학교장과의 심층 인터뷰를 통해 아직도 우리나라의 다문화교육이 걸음마 단계에 머물고 있음을 알 수 있었다.

현재 인천광역시 교육청에서 운영하는 역점사업은 다문화교육에서 어느 한 가지도 빼놓을 수 없을 만큼 중요한 내용을 담고 있지만, 다문화가정의 학생과 학부모가 단기간에 학교생활과 사회생활을 원만하게 할 수 있도록 좀 더 보완이 필요할 것이다. 다문화 대상 가정의 일원들이 수시로 도움을 받아 스스로 적응하고 글로벌 코리아의 구성원으로 함께할 수 있도록 다른 역점사업도 지속적으로 운영되어야 할 것이다. 특히 다음과 같은 세 가지 사업은 좀 더 역점을 두고 운영해야 할 것이다.

첫째, '다문화가정 상담센터의 운영'이다. 다문화가정에서 어려움을 겪고 있는 종류와 내용은 그 수준이 각각 다른데도 불구하고 다른 사업들은 일괄해서 모든 대상을 같은 수준으로 보고 교육하기 때문에 필요한 사항을 수시로 묻고 배울 수 있는 다문화가정 상담센터의 운영이 절실하다고 본다. 상담센터에는 상담사와 함께 이중언어 강사를 반드시 배치하여 다문화가정의 학생들이 국내 학교 적응을 잘할 수 있도록 지원체제를 확립하고, 교육 소외 학생, 학교 부적응 및 교육여건 불평등 현상 해소를 위한 다문화가정 학생 및 학부모 대상 교육상담 지원을 할 필요가 있을 것이다.

둘째, '다문화교육 학부모 자원봉사단 운영'이다. 통계 자료에 따르면 학교에서 부진아나 집단따돌림에 시달리고 있는 어린이 중 대다수는 다문화가정 자녀라고 한다. 이런 현상이 발생하는 이유는 다문화가정 학생들의 교육격차가 크고, 학생들의 학교 적응이 어려운 데에서 기인한다고 할 수 있을 것이다. 급격한 사회 변화와 세계화에 따라 증가하는 다문화가정 학생들의 어려움을 그때그때 도와줄 수 있는 자원봉사단이 이들에게 큰 힘을 보탤 수 있을 것이다. 학부모 자원봉사단은 다문화가정 학생 상담을 통해 학습결손 및 정체성의 혼란을 방지하고, 다문화가정과 결연하여 한국문화를 소개하고 사회적응을 위한 멘토링을 해줄 수 있을 것이다. 또한 다문화가정 학생과 학부모의 중심학교 운영 프로그램 참여에도 큰 도움을 줄 것으로 기대된다.

그 밖에도 시 단위 혹은 지역 교육청 단위의 다문화교육 연구회뿐만 아니라, 단위학교 중심의 다문화교육 연구회를 조직하여 운영할 수 있을 것이다. 다문화교육 중 특정 분야에 관심 있는 교사들을 중심으로 연구회를 조직할 수도 있으며, 학교장이 주도하여 특정 연구회를 운영할 수도 있을 것이다. 학교 단위에서 이루어진 활동은 장학 자료와 보고서 등의 형태로 발간하여 다른 학교와의 정보 공유로 유용하게 활용될 수도 있을 것이다.

6장부터 7장에서는 학교 경영자의 다문화교육 인식과 학교 경영자의 다문화교육정책 이해와 행동으로 사회 현상을 반영하기도 하고 견인하는 것으로 다문화사회의 미래를 바꾸고자 하였다.

실질적인 학교 운영에 있어서 가장 큰 비중을 차지하는 것은 바로 교육과정 편성 및 운영이라고 할 수 있을 것이다. 학교의 가장 큰 존재 이유가 학생을 교육하는 것이기 때문에 교육과정 편성 및 운영은 이와 직결되는 큰 핵심과제라고 할 수 있다. 현재 학교 교육과정은 국가 수준의 지침 범위 내에서 학교별로 탄력적으로 운영할 수 있게 되어 있다. 이에 따라 학교별로 다양한 교육과정이 이루어지고 있으며, 이에 가장 큰 영향력을 미치게 되는 것이 학교장의 교육관 및 교육철학이라고 할 수 있을 것이다.

끝으로 이 책을 통해 다문화사회의 미래를 짊어질 학생을 대상으로 하는 다문화교육을 위해 노력하고 고민하는 현장의 선생님들께 작으나마 도움을 드리고자 마련하였다. 더 완성도 높은 책을 만들어 내지 못한 데 대한 아쉬움과 송구스러움을 뒤로 하고 이 책을 보시는 여러분의 공감과 조언을 기다린다.

CONTENTS

CONTENTS

I

다문화교육과 다문화학교

한국 사회는 점차 다인종·다문화사회로 변해가면서 필연적으로 교육 분야에서 해결해야 할 여러 과제를 떠안게 되었다. 다문화가정 자녀들이 학교 내에서 집단따돌림을 받는 현상이나, 이들에 대한 교육이 제대로 이루어지지 않는 것은 교육 현장에서 흔히 찾아볼 수 있는 현상이 되었다. 그뿐만 아니라, 이들의 학교 성적, 교우 관계, 한국어 의사소통의 어려움 등으로 인한 학교 부적응과 같은 문제들이 현재 한국 사회의 현실을 대변하고 있다. 다문화가정 자녀들이 취학 연령에 이르면서 학교도 이제 완전한 다문화 공간으로 변화되고 있다. 하지만 이러한 변화에 대처하는 학교 차원의 준비는 아직 미흡하며 다문화가정 자녀들은 학교 교육에 적응하는 데 어려움을 겪고 있다. 또한 이들을 가르치는 교사들 역시 언어, 문화, 민족적 다양성을 어떻게 받아들이고 어떻게 대응을 해야 하는지 등에 대한 경험과 지식을 갖고 있지 않아 교육 현장에서 혼란스러워 하고 있다. 이러한 문제점들을 조기에 발견하고 해결하기 위해서는 학교를 운영하는 학교장의 다문화적 역량을 키워 줄 필요성이 제기된다(오영훈 외, 2011).

Banks(2007)에 따르면, 모든 학생이 민족과 인종적으로 다른 사회와 나라에서 자신의 역할을 하기 위해 지식과 기술, 태도를 함양할 수 있도록 학교가 재구성되어야 한다고 주장하였다(모경환, 2008). 이는 다문화가정 자녀뿐만 아니라, 모든 학생이 다름을 인정하고 함께 더불어 사는 법을 배워 나가는 곳이 학교이기 때문이다.

최근에는 학교 공동체 생활을 통해 학생들의 문화적 갈등을 예방하고 다문화적 시민성을 증진시키는 다문화주의에 대한 논의가 학교 교육의 중요한 과제로 등장하였다. 먼저 다문화교육의 이론적 토대를 이루고 있는 다문화주의에 대하여 살펴보고자 한다.

1.
다문화주의와 다문화교육

　　다민족 · 다문화사회의 원리인 다문화주의는 1960년대 미국의 시민권 운동을 기폭제로 서구사회에서 종래의 국가통합정책이던 동화주의에 대항하는 정책으로 논의되기 시작하였고, 1970년에는 캐나다의 공식적인 사회통합 이념으로 제창되기에 이르렀다(윤인진, 2008). 그 후 다양한 소수자들과 민족 집단들의 시민권 투쟁운동의 논리로, 근래에는 세계화의 진전과 더불어 새로운 이주민을 수용하게 된 국가에서 이주문제의 적절한 해법의 일환으로 널리 논의되고 있다(김남일, 2007). 최근에는 사회 내의 소외계층이나 소수자, 성 및 기호의 차이 등 미시적 차원에서도 다루어지고 있다(김남국, 2005). 이와 같이 다문화주의는 시대와 장소 및 집단에 따라 사용하는 맥락이 다르고 추구하는 바가 다르기 때문에 그 개념을 특정하기가 쉽지 않다. 하지만 다문화교육정책과 관련하여 다문화주의의 몇 가지 근거를 살펴보면 다음과 같다.

　　첫째, 다문화주의는 한 국가 또는 사회 내에서 문화의 다양성을 인정하고 소수문화도 존중한다. 주류문화와 소수문화 간의 우열을 인정하면서 소수문화가 주류문화에 흡수되어야 한다는 논리를 갖고 있는 '동화주의'의 성찰과 반성에서 다문화주의는 출발한다. 따라서 다문화주의는 한 사회 내에 복수의 문화가 공존하는 것을 인정하고, 그렇게 복수로 공존하는 문화는 우열을 구분할 수도 없고, 서로 동등한 지위를 지니며, 오히려 정책적으로 소수적인 위치에 서 있는 문화를 보호하여야 한다.

모자이크 이론은 캐나다의 Jonh Murray Gibbon[1]이 1938년에 처음으로 그의 책 『캐나다식 모자이크(*Canadian Mosaic*)』에서 사용한 데서 유래되었다. 캐나다는 일찍이 이민자들의 문화적 특성을 인정하고 더불어 살아가는 이상적 다문화사회의 모습[2]을 모자이크 이론으로 제시하였다.

둘째, 1960년대 기존 정책인 용광로 이론과 1970년대 모자이크 이론이 비난을 받으면서 샐러드 볼 이론이 제시되었다. 샐러드 볼의 의미로 본 다문화주의는 다양한 사회구성원들이 상호공존하며 조화로운 통합을 이루려는 이론으로 새로운 정주국인 미국인의 일원으로 살아가도록 하는 것이다. 이 이론은 20세기 세계화에 의하여 문화적·경제적 경계가 무너지는 상황에서 이민자들 각자의 문화를 인정하고 그들의 정체성을 인정하는 것이다.

셋째, 다문화주의는 다인종·다민족 국가의 국민 형성정책 또는 이를 뒷받침하는 이데올로기라 볼 수 있다. 미국에서는 교육이나 고용 혹은 주택정책[3] 등에 있어 소수인종이나 민족에게 특혜를 주는 정책을 시행하여 흑인 등의 집단적 정체성과 문화를 건설하는 데 기여하였다. 이는 '용광로'라는 동화주의 이념에 따라 미국의 독특한 동질문화 형성으로 국가통합을 이루려는 기존의 정책이 한계[4]

---

1) Gibbon(1938)은 미국의 용광로 이론은 미국이 이민자들의 뿌리를 없애려고 시행한 정책이라고 비판하였다.

2) 서종남(2010)은 문화생태이론을 주장하였다. 생태계는 어떤 지역 내에서 식물, 동물, 인간 등이 무기적 환경에 의해 제어되는 복합체계를 말한다. 따라서 '문화생태'는 서로 다른 문화적 배경을 가진 인간사회에도 이를 둘러싼 제반 환경에 의해 적절히 균형 관계가 유지될 수 있다는 것을 하나의 체계로 규정하는 이론이다. 약육강식의 세계가 아닌 공생의 세계를 말하며 배타적이지 않고 포용하며 모두가 더불어 행복하게 살아가는 세상이 우리가 지향해야 할 다문화사회의 미래라고 하였다.

3) 개정된 주택모기지공시법(Home Mortgage Disclosure Act: HMDA)에 기반한 CRA의 강화와 공식적인 Affordable Housing Goal의 설정 등 저소득층 및 소수인종 계층의 주택금융 또는 신용에 대한 접근성을 확대하여 주택보유율을 제고시키기 위해 노력한 것이 대표적인 사례.

4) Glazer(2009)가 주장하는 '우리는 이제 모두가 다문화인이다.'라는 선언은 이를 말하는 사람이 진실로 믿고 포용

에 달하였음을 보여 주고, 이를 대신해 다문화주의가 등장[5]한 것이다.

'다문화주의'에서는 문화적 다양성 개념이 중요하다. 문화적 다양성은 국민과 국가 내에 인종, 언어, 역사 등 문화적 동질성에 기반을 둔 공동체가 다수 존재하는 현상을 의미한다. 상이한 인종 및 문화공동체를 복수로 가지고 있는 사회는 다문화사회라고 부를 수 있다. 따라서 다문화사회에서는 다문화주의를 근간 이념[6]으로 다문화교육이 중요하다고 본다. 다문화교육의 중요한 이유는 다음과 같다.

기본적으로 다문화교육은 일상생활을 기초로 하기 때문에 사회 교과적인 성격을 바탕으로 하게 되는데, 교육 주체별 요구에 따라 그 구체적인 세부 내용은 달라진다. 기본적인 다문화교육의 목표를 뱅크스(Banks, 2008)는 다음 여섯 가지로 설명한다.

첫째, 다문화교육은 개인들로 하여금 다른 문화의 관점을 통하여 자신의 문화를 바라보게 함으로써 자신에 대한 이해를 증진한다.

둘째, 다문화교육은 학생들에게 문화적 · 종족적 · 언어적 대안들을 가르친다.

셋째, 다문화교육은 모든 학생이 자문화, 주류문화 그리고 타 문화가 공존하는 다문화사회에서 요구되는 지식과 기능, 태도를 습득하도록 한다.

넷째, 다문화교육은 소수 종족 집단이 그들의 인종적 · 신체적 · 문화적 특성 때문에 겪는 고통과 차별을 감소시킨다.

다섯째, 다문화교육은 학생들이 전 지구적이고 일정 수준의 테크놀로지 세계에서 살아가는 데 필요한 읽기, 쓰기, 그리고 수리적인 능력을 습득하도록 한다.

여섯째, 다문화교육은 다양한 인종, 문화, 언어, 종교 집단에 속한 학생들이

하는 자세를 보여 주는 것이 아니라, 오히려 무엇인가 보지 않은 현실을 할 수 없이 받아들일 수밖에 없다는 분위기를 보여 주는 것일 수도 있다.

5) 소수의 문화적 권리를 옹호하는 다문화주의는 윤리적이고 민주주의적 이상을 지향하지만 공동의 문화가 제공하는 사회적 연대감이나 결속력을 해칠 수 있는 부정적인 측면도 잠재되어 있다.

6) 다문화주의는 사회 전반에 걸쳐 나타나는 현상이며, 따라서 다문화적인 관점에서 사회의 모든 현상들이 재고되어 접근과 연구가 새롭게 이루어지게 되었다. 여기서 교육에 대한 영역은 다문화주의의 영향을 받는 사회 영역들과 다문화적 사회로의 상황 변화에 복합적으로 작용한다. 다문화교육은 이런 상황들을 개선하고 변화시키기 위한 목적으로 제시되었다.

자신의 문화 공동체, 국가 시민 공동체, 지역 문화 그리고 전 지구 공동체에서의 역할 수행에 필요한 지식, 기능, 태도를 습득하도록 한다.

이처럼 다문화교육은 학교 현장에서의 실천적인 접근으로 말할 수 있다. 학생으로 하여금 문화 교류에 대해 긍정적인 태도와 인식을 지니게 함으로써 직접 참여할 수 있도록 돕는 것을 의미한다. 이는 학교 현장에서부터 출발한 다문화교육을 통해서 해결의 실마리를 찾을 수 있을 것이다.

방금주(2012: 12~17)는 이를 위해 학교에서의 다문화교육의 필요성을 크게 학생, 학부모, 교사 측면으로 나누고 있다.

첫째, 학생을 대상으로 한 다문화교육이 이루어져야 한다. 아동 · 청소년기는 인간의 여러 감각 중 감수성이 크게 발달할 수 있는 시기이다. 문화 간 감수성은 교육과 훈련에 의해 발달이 가능하며, 학교 교육을 받는 시기가 이를 계발하는 데 가장 적기라고 할 수 있다.

둘째, 학부모들에게도 다문화교육은 반드시 필요하다. 다문화교육은 일반 가정과 다문화가정 모두에서 요구된다. 이 두 구성원 모두가 함께 살아가야 하는 한국 사회의 일원이기 때문이다. 학생을 위한 다문화교육과 마찬가지로 학부모를 위한 다문화교육 역시 다양성 존중, 역지사지의 태도를 키울 수 있는 방법으로 모색되어야 한다.

셋째, 학교 현장의 교사들에게도 다문화교육이 필요하다. 학교현장의 최전방에서 다문화가정 학생들을 마주하고 있는 것은 바로 교사들이다. 교사들이 제대로 준비가 되어 있지 못하다면, 효율적인 다문화교육이 이루어지기 힘들 것이다.

교사들은 학교 현장에서 학생들에게 어떤 교수법을 활용해야 할까? Bennett(2007)은 다문화교수법을 평등교수법, 교육과정 개혁, 다문화적 역량, 사회정의를 지향하는 가르침으로 구분하고 다음과 같이 설명하였다.

첫째, 평등교수법이란 모든 아동 · 청소년, 특히 소수민족이나 경제적으로 불리한 조건에 있는 아동 · 청소년에게 교육기회를 공평하고 동등하게 제공하는 것을 목적으로 하고 있다. 그리고 학교환경의 총체적인 변화, 특히 학생에 대한 교사의 기대, 학습 집단 편성과 지도전략, 학생 훈육정책, 교실 분위기 등에 나타나는 잠재적 교육과정의 변화를 시도한다(서종남, 2010). 따라서 평등의 증대는 소수집단이나 저소득층 청소년들이 학교에서 직면하는 문제들을 완화시킬 것이며, 보다 높은 수준의 학업 성취를 가능하게 할 것이다.

둘째, 교육과정 개혁은 단일민족 중심적인 관점에서만 기술되었던 기존의 교육 내용에 다민족적이고 전 지구적인 관점을 포함시킴으로써 전통적인 교육 내용을 확장하려는 것이다. 여기에는 과거의 다양한 문명국뿐만 아니라, 현재의 다양한 민족 집단과 국가의 역사에 대해서 탐구하고, 새로운 지식을 발전시키며, 그들 간의 문화적 차이에 대한 이해를 심화시키는 것 등이 포함된다(이종일, 2012). 이러한 교육과정 개혁은 소수민족과 비소수민족의 아동 · 청소년 모두에게 관심을 기울인다. 바로 이러한 특성 때문에 교육과정 개혁은 소수민족이나 저소득 계층의 아동 · 청소년에 중점을 두는 평등지향 운동과는 대조된다.

셋째, 다문화적 역량은 다문화적으로 되어 가는 과정으로 인식하고 평가하고 생각하고 행동할 수 있는 역량을 발달시켜 나가는 과정이라 할 수 있다. 이 과정에서 중요한 것은 국가 내 그리고 국가 간에 존재하는 문화적 다양성을 이해하고 그것을 조율하는 방법을 학습하는 것이다.

넷째, 사회정의를 지향하는 가르침은 학생에게 인종차별주의나 성차별주의, 계급차별주의에 대한 이해력을 향상시키고 그와 관련된 적절한 태도와 사회적 행동기술을 발달시킴으로써 차별에 대한 투쟁과 문제해결 과정에 헌신적으로 참여하도록 한다(이경희, 2011). 특히 이 영역은 다문화교육의 핵심적 구성요소로서 사람들이 민족적 문해 능력을 갖추고 문화적 다원성을 충분히 이해한다고 해서 곧바로 차별과 편견을 제거하고 불평등의 문제를 해결하는 방향으로 행동하지는 않는다.

이와 같이 이주민 유입의 역사가 오래된 서구에서의 다문화주의는 갈등과 타협을 경험하며 도출된 것이라면 우리나라에서의 다문화주의는 서구 여러 나라들이 겪는 시행착오를 줄일 수 있고, 반면교사를 삼을 수 있다는 점에서 긍정적인 원칙이 시간이 지남에 따라 기대할 수 있다. 하지만 한국의 실정에 맞는 '다문화주의'적 관점에서 다문화교육이 필요할 것이다. 즉 한국적 다문화주의를 기반으로 다문화가정 학생들의 학교 적응과 사회 적응을 지원하기 위한 법적 · 제도적 체계를 마련하고 이민자들이 한국 사회에 참여할 수 있는 기회를 적극 제공함과 더불어 국민 정체성의 기반을 재정립하고 일상생활에서 말과 행동으로 실천하도록 다문화교육을 한층 강화해야 할 것이다.

2.
교사의 전문성과 다문화교육 인식

　　다문화교육의 지속적인 효과를 위해서는 교육 환경과 교육과정의 모든 측면을 통합해야 한다. 환경 구성 및 교육과정 구성의 책임은 교사에게 전적으로 달려 있으므로 교사의 역할이 막중하다. 교사는 실행 교육과정의 주체로서 학생들의 교육 경험을 직접적으로 매개하고 조정하기 때문이다.[7] 따라서 학생들의 문화적 다양성에 효과적으로 대처할 수 있는 교사의 양성과 전문성 계발[8]은 다문화교육의 성공 여부를 결정짓는 핵심요소이다.[9] 또한 학교의 상황은 변화하고 있으며 다양한 문화적 배경을 가진 학생들이 학급에 하나둘 형성되면서 교사들의 전문성은 다문화적인 교사로 변화되어야 하므로 교사의 전문성과 다문화교육에 대한 인식이

---

7)　Spindler & Spindler(1991)는 성공적인 교사를 '문화중재자' 또는 '문화치료사'라고 명명하였다.

8)　Banks(1995)는 다문화교육을 이해하고 실행하는 교사가 되기 위해서는 사회과학과 교육적인 원리에 대한 지식, 다른 민족과 문화 집단에 대한 경험과 자신의 문화유산에 대한 반성적이며 정확한 이해, 인종이나 문화 차이와 관계없이 다른 사람에 대한 긍정적인 태도, 효과적이며 타당한 교수적 지식을 바탕으로 한 교수 기술의 네 가지가 필요하다고 주장하였다.

9)　모경환(2010)에 따르면, 교사의 인식과 태도를 비롯한 교사의 다문화적 역량은 다문화교육의 성공 여부에 핵심적인 요인이다. 교사의 다문화교육에 대한 관점은 학생들의 학업 성취와 정서 발달, 그리고 수업 실행에 결정적 영향을 미치기 때문이다. 그러나 그는 "현재 우리나라의 다문화교육을 위한 제반 여건이 아직 미비한 상태에서 대부분의 교사들이 학교 현장의 다문화적 변화에 대처할 수 있는 전문성과 역량이 미흡한 것은 교사들의 직전 교육과 직무 연수를 통한 교사 교육과정이 미비한 상태에 놓여 있기 때문이다."라고 주장하였다.

요구된다.

모경환(2009)은 다문화교육에서 교사에게 요구하는 전문성 요소로서 자신의 문화적 태도에 대한 반성능력과 문화적 다양성에 대한 이해, 다문화가정 학습자의 특성에 대한 지식을 갖추고 관용적인 태도와 다문화적인 갈등에 대한 해결능력을 갖추어야 한다고 하였다. 다문화교사의 전문성을 강화하기 위해서는 교사의 역량과 전문성이 반드시 갖추어야 할 선행조건이며 다문화에 대한 이해를 통해 다문화가정이 통합의 대상이 아니라, 공존의 대상이라는 사실을 받아들이는 관용의 자세가 필요할 것이다. 따라서 교사들의 전문성은 다문화교육을 수행함에 교과의 전문성만 의미하는 것이 아니라, 교사가 학교 현장에서 교사로서 수행하여야 할 전반적인 직무와 역할이 포함되어야 한다.

Spanierman 외(2011)는 교사의 다문화 역량에 대해 인식, 지식, 기술을 구성요소로 제시하며 다음과 같이 정의를 내리고 있다. 첫째, 다문화교수 인식은 다문화적 존재로서의 자아 및 타인, 교사 태도 그리고 모든 학생을 위해 문화적으로 민감하게 반응할 수 있는 학습 환경을 조성하는 교사의 인식을 반영한 역동적이고 계속적인 과정이다. 둘째, 다문화교수 지식은 집단 내 및 집단 간 차이에 영향을 줄 수 있는 문화적 역동, 현 사회정치적 상황, 주요한 사회역사 및 다양한 인구와 관련된 교육적 전략, 그리고 문화적 반응 교육학의 교사 지식이다. 셋째, 다문화교수 기술은 모든 학생들의 학업 성취와 개인적 발달을 촉진하는 적극적인 도구의 선택과 개발, 실용적 및 전략적인 교사의 능력, 문화적으로 민감한 행동관리의 전략 및 중재 구현, 계속적인 연구, 그리고 문화적 반응과 관련된 학교 정치의 절차와 실천 및 평가이다(박수아, 2013: 30).

Banks(2010)에 따르면, 교사 자신들은 문화적 다양성과 민족적 다양성에 관련된 지식을 갖추고, 다양한 민족과 문화의 관점에서 그 지식을 바라보며, 자신의 삶과 지역사회를 보다 문화적으로 민감하고 다양한 것으로 만들기 위해 행동하는 것이 중요하다. 이는 곧 그들이 학생의 심성과 지성뿐만 아니라, 교육과정의

규준을 개혁하는 데 필요한 지식과 기능을 갖추는 것이고, 문화적 다양성을 반영하도록 교육과정의 개혁이 이루어져야 초·중등학교 및 대학의 학생들이 오늘날의 세계화 사회에 효과적으로 참여하는 데 필요한 지식과 기능 및 관점을 획득하는 것이다.

따라서 다문화교육을 위한 교사의 역량과 관련하여 무엇보다 교사가 다양한 문화와 인종, 민족 등에 갖는 인식과 태도가 중요하다.[10] 특히 다문화교육의 주체로서 교사는 자신의 편견이나 고정관념을 점검하고 바로잡을 수 있어야 한다. 교실에서 교사는 학습자에게 중요한 학습 모델이므로 교사의 문화적 편견은 즉각적으로 학습자들에게 전수될 수 있다는 점을 쉽게 예상할 수 있다.[11] 뿐만 아니라 이러한 문화적 편견에 사로잡혀 다문화가정 학생 및 일반 학생들에게 다문화와 관련 교수학습 과정을 실행할 경우, 학생의 소속 집단에 따라 차등적인 교수학습 활동 경험을 제공할 수 있으므로 교육 평등과 관련된 문제를 낳을 수 있다.[12]

교사의 태도나 행동을 통해서 의도적이든, 무의도적이든 다문화가정 학생은 다른 사람을 어떻게 이해하고 협력해야 하는가를 배우기도 하고, 다른 사람에 대한 편견[13]이나 고정관념을 갖게 될 수도 있다. 따라서 교사는 다문화교육을 성공

---

10) 많은 연구에서 문화적 다양성에 대한 교사의 지식, 태도, 신념 등은 소수자 학생의 학업 성취와 높은 상관관계를 가지고 있다는 것을 밝히고 있다. Bennett(2007)는 "교사는 백인 학생이나 일부 아시아계 학생에게 긍정적인 기대감을 갖고 있으며, 이러한 긍정적 기대는 학생의 학업성취 향상에 도움을 준다."고 주장하였다.

11) Banks가 주장하는 다문화교육에 대한 지식은 교사뿐 아니라, 교장에게도 필요하다. 교장은 교사의 전반적인 수업과 관련하여 학교운영을 책임지고 있기 때문이다. 따라서 다문화교육을 하는 교사에게 다문화적 역량이 반드시 필요한 것처럼, 교장들은 문화적 다양성과 민족적 다양성에 관련된 지식을 갖추어야 하며, 다양한 민족과 문화적인 관점에서 바라볼 수 있는 다문화적 역량이 있어야 한다.

12) 모경환(2012)은 "다문화교육의 효과적 실행을 위해 교사에게 요구하는 자질로서 사회의 문화적 다양성에 대한 지식, 다양한 학습자의 특성에 대한 이해, 다문화교육 자료를 개발하고 활용할 수 있는 능력, 다문화 수업을 실행할 수 있는 교수 능력과 다문화교육에 대한 자신감, 소수자에 대한 관용과 배려, 다문화적 갈등 상황 해결 능력이 포함된다."고 주장하였다.

13) Pang(2000)은 교사가 편견을 해소하기 위한 방법 다섯 가지를 제안하였다. 첫째, 학생들로 하여금 교실에서의 행동에 대한 명확한 기대 사항을 설정하고, 공동체·존중·명예의 가치에 대해 토론을 하게 한다. 둘째, 교사는 여러 민족 집단으로 부터의 긍정적인 반인종차별주의 역할 모델을 제공해야 한다. 셋째, 교사는 학생들에게 자신들의 가치와 행동을 조사·명료화하도록 고무시켜 주어야 한다. 넷째, 교사는 학생들로 하여금 자신들의 행동 및 그것이 타인에게 미치는 영향에 대해 성찰하도록 해야 한다. 다섯째, 교사는 학생들이 타인의 신발을 신고 자신들을 바라볼 수 있게 해야 한다고 하였다.

적으로 수행하고, 다문화가정 학생이 다원화사회에 대한 민주적인 행위들을 발달시키도록 돕는 중요한 변인이 된다.

Haycock(2001)은 좋은 교사들이란 학교에 변화를 가져온다고 하였다. 교사와 학생 사이의 상호작용의 질이 학습에서 가장 중요한 요소라는 자명한 이치를 보여 준다. 양질의 교수학습 활동은 충분한 재원이 없거나 인종적으로 분리되거나 고립되어 있는 학교에서조차도 일어날 수 있다. 이는 바로 교사와 학생이 서로 신뢰하고 협력적인 관계를 만드는 것에 달려 있기 때문이다.

이러한 관점에서 교사는 자신이 지니고 있는 문화적 태도를 스스로 성찰하고 문화적으로 상이한 집단과 효과적으로 상호작용할 수 있는 간문화적 능력, 학생·학부모·지역사회 등에 대한 관심과 지식, 효과적인 교수 전략 탐색, 학교 행정에 대한 열정 등을 가져야 할 것이다. 무엇보다 교사는 자신이 진공상태에서 가르치는 것이 아니라, 문화적 가치판단에 입각하여 행동하는 존재임을 자각하여야 한다.

Campbell(2010: 232)은 다문화교육이 성공적으로 이루어지기 위해서 교사의 다문화교육에 대한 역량을 강조하며, 다문화교육을 위해서 교사가 갖추어야 할 여덟 가지 중요한 역량을 소개한다. 교사가 갖추어야 할 다문화적 역량은 교장에게도 필요하다.

첫째는 긍정적 관계를 갖는 능력이다. 다문화교육이 성공적으로 이루어지기 위해서는 가장 중요한 것이 교사와 학생 간의 긍정적인 관계를 형성하는 것이다. 교사와 학생 간의 긍정적인 관계가 형성되지 않으면 아무리 유능한 교사라 할지라도 학생들을 효과적으로 가르칠 수 없다. 교사가 교육을 성공적으로 이끌기 위해서는 학생들과의 긍정적인 관계가 중요한 것과 마찬가지로 교장도 학생들과 긍정적인 관계를 맺는 것이 중요하다.

둘째는 문화적 중재자 역할을 할 수 있도록 능력을 갖추는 것이다. 교사는 문화적 중재자가 되어야 한다. 특히 교사는 주요 집단에 대한 역사적·문화적 지

식[14]을 갖추어야 한다.[15]

셋째는 학습자 스스로 공동체를 만들 수 있고 교실 환경을 조성해 줄 수 있는 능력을 갖추는 것이다. 중재자로서 교사는 학생이 긍정적인 대안을 확인하고 노력하는 것을 도와야 한다. 학생들이 자신의 문화와 동화의 힘과 새로운 전략을 어떻게 선택해야 하는지, 언제 새로운 상황에 적응해야 하는지 이해할 수 있을 때 성공적이라고 할 수 있다. 교사는 긍정적이고 도움을 주는 교실 환경을 만들어야 한다. 그 책임은 교사에게 있다.

넷째는 사회성을 가르치는 능력이다. 청소년기에는 함께 협력하고 일하고 서로를 존중하는 것을 가르칠 필요가 있다. 교사는 긍정적인 의사소통과 긍정적인 인간관계를 가르쳐야 한다.

다섯째는 학습자가 긍정적 신뢰감을 형성할 수 있도록 도움을 줄 수 있는 역량을 갖추도록 하는 것이다. 교사가 학생과의 긍정적인 관계를 형성하기 위해서는 학생들이 학교나 교실에서 교사로부터 안전을 보호받고 있다는 생각을 가져야 한다. 인간관계론[16] 수업은 학생이 안전하고 편안하다고 느끼는 교실을 만드는 것을 돕는다. 안전하고 규칙적인 환경은 학생들이 배우는 효과를 극대화할 수 있다.

여섯째는 학습자가 소속감을 갖게 하는 능력이다. 학생은 집단에 속하고 싶은 강한 욕구와 욕망을 느낀다. 그들이 동료로부터 인정, 승인, 평가와 존경을 받을 때 학생은 자기 신뢰의 욕구가 강화된다. 교사는 학생들이 소속감을 가질 수 있게 도와야 한다.

일곱째는 학습자가 긍정적인 자아존중감을 갖게 할 수 있는 능력을 갖추는

---

14) 최충옥(2010)은 민족적 내용을 학교 교과 과정에 성공적으로 통합시키기 위하여 여러 민족 집단의 역사 문화에 대한 확실한 지식을 갖추는 것이 필요하다고 말하였다.

15) Bennett(2007)은 교사가 학생의 고유한 문화에 따른 행동 스타일을 오해하면 학생의 지적 잠재력을 과소평가하게 된다고 말한다. 또한 그들을 잘못된 위치에 놓고 낙인을 찍으며 잘못 대하게 되고, 교사는 학생의 인지적 능력, 학업 성취, 언어 능력을 과소평가할 수 있다고 지적한다.

16) 인간 관계론의 기본 개념은 사람과 사람의 인격적인 관계, 특히 경영조직 내부에서의 비공식적인 인간관계의 총칭을 말한다.

것이다. 교사가 학생들의 문화를 인정하고 존중할 때 긍정적 자아존중감[17]을 형성하게 된다. 자아존중감은 인간의 행동에 영향을 미치는 중요 동기로서 인간의 적응과 부적응에 많은 영향을 미친다. 존중 개념의 핵심은 교사와 학생의 상호관계에서 작용하는 역동적 대칭과 상호 의존성이며, 학생 간의 동등한 관계의 창조를 중요하게 여긴다.

　여덟째는 문화적 능력이다. 문화적 중재자로서 교사의 위치를 이해하는 것은 학생과 함께 긍정적인 관계를 확립하는 것을 돕는다. 학생은 학교에서 문화 수업을 받을 필요가 있다. 문화적으로 유능한 교사는 학생 간의 갈등을 해결하는 것을 도울 수 있다(김영순 외 역, 2012: 231-267, 재구성).

　다문화교육은 학생들에게 교육 기회의 평등을 보장하는 것을 목표로 한다. 다수집단 학생들을 위해 조직된 교육과정과 수업은 소수집단 학생들에게 낯설음과 불편함, 소외감을 유발할 수 있다. 따라서 학생들의 서로 다른 문화적 · 인종적 · 종교적 · 언어적 배경을 수업에 적극 도입하여 상이한 기회를 제공해야 할 것이다. 이를 위해서 교사는 학생들의 문화를 바라보는 자신의 시각을 검토할 필요가 있을 것이다.

　교육인적자원부(2006)에서도 이런 현실을 고려하여 다문화가정 자녀를 위한 방과 후 프로그램 지원, 대학생 멘토링 대상자로 다문화가정 자녀의 우선적 선정, 지역 인적자원 개발사업을 통한 지역사회로부터의 지원 강화 등의 정책을 준비하고 있다. 그러나 제도적 정비나 예산 지원이 의도한 교육 효과를 내기 위해서는 다문화교육의 의미와 내용을 교사들이 정확하게 이해하는 것이 가장 기본적인 조건이라 할 수 있다. 실제 선의를 갖고 학생들을 대하는 교사들 중 다문화교육의

---

17) 자아존중감이란 자신의 가치, 존엄성에 대한 인식으로, 자기를 존경할 줄 아는 능력, 건전한 자기 사랑의 능력이며 한마디로 말하면 자신에 대한 확고한 믿음이다. Maslow(1965)는 개인의 적응력의 한 요인으로서 자아존중감의 필요성을 강조한다. 또한 모든 인간은 자존감에 관한 욕구가 있는데 이 욕구를 충족시킨 사람은 자신감이 있고, 자신을 가치있고 유용한 사람이라고 생각한다. 반면 이 욕구를 충족시키지 못한 사람은 열등감을 가지고 자신을 보잘것없는 사람이라고 생각하며, 이러한 자신에 대한 부정적인 감정은 정신질환을 유발할 가능성이 있다고 하였다.

의미를 정확하게 파악하지 못해 외국어 교육이나 낯선 문화에 대한 지식 전달을 다문화교육으로 이해하는 경우도 있다. 낯선 문화를 바라보는 올바른 관점을 교육한 후에 지식전달이 이루어져야 함에도 단편적인 사실과 지식 전달에 그치는 경우도 많다. 따라서 교사들의 재교육이 필수적으로 요구되고 있다. 또한 다양한 국적의 결혼이민자 여성들이 방과 후 프로그램이나 교과과정에서 다문화 이해 교육의 강사로 활동할 수 있는 교육적 정책도 필요하다. 이들이 학교 교육에 참여할 때, 교육 당국이나 교사들의 세심한 배려도 필요하다(안유란, 2012). 즉 다문화교육은 모든 학생을 위한 기본적 교육이며 종합적 학교개혁 과정이다. 다문화교육은 학교에서 인종, 언어주의뿐만 아니라 차별의 다른 형태를 거부하고 학생과 교사, 지역사회가 수용하는 다원주의(민속, 인종, 언어, 종교, 경제 등)를 지향한다.

다문화사회의 기반이 되는 가장 필수적인 요소는 다수자인 한국인의 다문화적 인식[18]이라고 할 수 있다.

다문화적 인식과 더불어 다문화주의를 교육적으로 실현하는 다문화교육에 대한 인식도 매우 중요하다. 문화적 다양성이 전통적 가치를 약화시키고, 사회에 위협이 되며 주류문화 습득에 방해가 된다는 주장(Schlesinger, Jr., 1992; Hirsch, 1987)과 문화적으로 다양한 집단이 형성하는 문화적 다양성이 국가 발전에 도움이 된다는 주장(Banks, 2004; Nieto, 2004)이 대립하고 있지만, 다문화교육이 문화적으로 다양한 배경의 학생들이 경험하는 고통과 차별을 감소시키고 모든 학생들이 학습을 위해 균등한 교육적 기회를 갖도록 하는 교육(Banks, 2004)이라는 것을 인정한다면 다문화사회로 진입한 우리 사회에서 다문화교육과 그에 대한 인식[19]은 매우 중요함을 알 수 있다. 또한 다문화교육에서 교육을 담당하고 학생들과 일차적 상호작

---

18) 장임숙(2010)은 실제로 진정한 다문화사회가 되기 위해서는 이주자에 대한 교육도 중요하지만 다수자인 한국인의 다문화 인식 개선이 더욱 절실하다는 것이 전문가 집단의 공통된 의견임을 밝혔다.

19) 박선미·성민선(2011)은 인천시 다문화지정 학교에 근무하는 교사 325명을 대상으로 다문화교육 경험이 다문화적 인식에 미친 영향을 분석하였는데 다문화교육에 대하여 알고 있다는 인식이 높고 인식의 방향도 상당히 긍정적이었으며 다문화교육 경험이 있는 교사들은 그렇지 않은 교사보다 다문화교육을 잘 알고 있다는 인식이 높았다.

용을 하는 교사들의 인식[20]과 관점 역시 매우 중요하며 개선[21]되어야 한다. 많은 교사들이 체계적인 교육 당국의 지원 없이 교사의 사명감으로 다문화가정 자녀나 외국인근로자 자녀들을 위해 별도의 보충수업을 하거나 관심을 두는 경우가 많다.[22]

지금까지 살펴본 바와 같이 다문화교육에서 가장 중요한 것은 다문화교육을 실천하는 교사들의 용기와 실천이다. 다문화교육을 실시하기 위한 교사의 역할로는 교사 자신의 다문화교육에 대한 이해와 다문화가정 학생에 대한 편견을 없애려는 노력이 선행되어야 한다. 또한 다문화교육에 관한 풍부한 신념을 갖고 있어야 하며, 낯선 문화를 바라보는 올바른 관점을 교육한 후에 지식 전달이 이루어지도록 해야 한다. 학교 운영에서도 결혼이민자 학부모나 외국인근로자와 같은 외국인 부모들과의 소통 증진을 위한 프로그램이 만들어져야 하며, 긍정적인 모델링과 세심한 배려가 있어야 그 결실을 가져올 수 있다.

따라서 학교 현장에서는 다문화교육의 대상을 다문화가정과 일반 가정의 학생 및 학부모 모두를 대상으로 하여 편견과 따돌림 없이 함께 더불어 성장할 수 있도록 교사와 학교장이 2009년 개정 교육과정과 연계하여 교과 및 활동 영역별 다문화교육을 체계화하고 활성화할 수 있는 프로그램을 구안·적용하여야 할 것이다.

---

20) 김홍운·김두정(2008)은 대전 지역 초등학교 교사 215명을 대상으로 다문화교육의 인식도를 조사하였는데 교사들의 대부분이 다문화교육을 보람 있는 것으로 인식하여 긍정적인 태도를 보이고 있었으나 다문화교육을 위한 여건이 매우 열악한 것으로 인식하고 있었고, 교사의 연령이 낮을수록 다문화교육 자료 구비나 다문화 교사교육에 대한 요구도가 높은 것으로 나타났다. 한편 다문화교육 여건과 관련된 설문 문항 중 '학교 관리자는 다문화교육에 대한 중요성을 강조 한다'가 있어 다문화교육을 위한 관리자의 인식을 중요하게 생각하는 점이 특징적이었다.

21) 모경환·황혜원(2007)은 국제결혼가정 자녀, 외국인노동자 자녀가 재학 중인 수도권 중등학교에 근무하는 사회과 교사 257명을 대상으로 다문화적 태도, 다문화적 이해도에 대한 인식도를 조사한 결과 사회과 교사들은 자신들이 다문화교육에 대한 준비가 불충분하다고 생각하였다.

22) Pang(2005)은 다문화수업을 진행하는 교사의 신념과 실천에 따라 다음 네 가지 유형의 교사로 구분하였다. ① 동화주의 교사, ② 인간관계를 강조하는 교사, ③ 사회적 행동을 강조하는 교사, ④ 배려 중심 교사. 팽은 이 분류 범주에서 첫째와 둘째 유형의 교사가 현상 유지의 관점을 공유하고, 셋째와 넷째 유형의 교사만이 진정한 의미의 다문화교육을 실천하는 교사로 보았다.

II

다문화학교와 학교 경영자의 역할

다문화교육을 담당하는 교사의 긍정적이고 개방적인 인식과 태도 형성과 더불어 학교장의 다문화 인식과 태도는 중요하다. 학교장은 일반 교사의 인식과 태도에 영향을 미칠 수 있는 교육기관의 리더로서, 그리고 다문화교육정책에 직간접적으로 관여하는 위치에 있으므로 현재의 학교를 다문화적인 학교로 운영하는 데 자신의 역할과 직무 수행을 파악하는 것은 매우 중요하다.

이번 장에서는 학교장의 다문화교육정책의 실천 정도를 파악하기에 앞서 다문화적인 학교의 정의와 학교장의 다문화적 역량을 강화하기 위한 학교장의 역할을 제시하였다. 다문화로 인한 사회문제 현상은 다문화가정 학생의 학년이 높아질수록 더 많이 나타난다. 중등학교로 진학할수록 사회적인 문제를 일으킬 소지가 크며, 이들이 학업을 중도 포기하고 학교 밖으로 이탈할 때 생기는 문제점이 매우 높기 때문이다. 또한 청소년기에는 자아정체성에 대한 고민과 자아존중감이 형성되는 시기로서 청소년기 다문화가정 학생들 역시 매우 민감한 시기에 있다.

홍봉선(2008)은 청소년기에 충분한 심리적 · 사회적 지지를 받지 못하면 부정적 자아상 확립은 물론, 사회적 거부와 배척의 감정과 혹은 고립감을 갖게 되며, 이러한 청소년의 특성을 고려하여 학교에서 다문화교육 프로그램도 초등과 중등이 다르게 운영되어야 한다고 하였다. 김일환 · 윤언배(2011)에 따르면, 학교에서 다문화교육 프로그램을 살펴본 결과 초등학교와 중등학교 모두 문화교육의 운영 비중이 높으며, 초등학교는 언어교육의 비중이 높았지만, 중등학교는 언어교육 프로그램의 비중보다 다문화 이해능력 증진과 학교 생활 적응에 대한 프로그램 비중이 높은 것으로 나타났다.

이처럼 학교에서도 다문화교육에 대한 이해와 다문화학생에 대한 편견을 없애기 위해 고민하고 노력한다는 것을 알 수 있다. 이들이 학교를 졸업하였을 때 바로 사회와 직면하게 되고 이들이 사회에서 잘 적응하여 우리 사회 구성원으로 살아갈 때 건강한 사회가 형성된다. 또한 앞으로 다가올 다문화사회에 대비하여

일반 학생들에게 다문화 이해 교육은 학교에서부터 시행되어야 함은 필연적인
사실이다.

1.
다문화학교의 특징

다문화학교[1]란 다문화적으로 운영되고 다문화교육이 수행되는 학교이다. 다문화적인 학교는 먼저 학교를 둘러싼 사회적 · 정치적 · 문화적 · 경제적 상황에서 학습의 과정들에 대해 고민하고 얼마나 큰 영향을 미치는지에 대해 알아보아야 한다. 즉 학교는 사회의 인종, 계급, 성 차별을 만들지 않고 해결할 수도 없다. 그러나 학교가 할 수 있는 것은 학생의 일상적인 개인 생활에 영향을 주는 것이다. 그러므로 다문화사회에서는 다문화적인 학교 교육을 요구한다(Campbell, 2011). 다문화적인 학교는 일반 학생들을 대상으로 다문화에 대하여 깊이 있게 이해하고 문화적 편견과 차별을 완화하여 다문화교육의 인식 전환에 해결책을 두어야 한다. 다문화적인 학교가 추구하여야 하는 것은 소수민족의 인종적 차별이나 문화 적응이 아니라, 일반 학생을 대상으로 여러 나라의 다양한 문화와 모든 사회구성원이 평등한 교육의 기회를 갖도록 하는 것이다. 전체 교육과정과 교육 환경을 포괄하는 종합적이고 통합적인 개혁을 통해 소수민족 학생들을 위한 다문화교육이 아니라, 모든 일반 학생이 더불어 교육받을 수 있는 환경 조성을 위해 총체적

---

[1] 다문화학교란 다양한 인종, 민족, 언어, 사회 계층 집단에서 온 학생들에게 교육적 평등과 기회 균등을 경험하도록 제도와 교육과정을 갖춘 학교이다.

으로 학교가 변화되는 것이 다문화학교에 대한 바람이다. 따라서 다문화학교는 모든 학생이 차별받지 않고 공평하게 교육을 받을 수 있는 곳이며, 다양한 문화를 이해하고 개인적인 다양성을 인식하여 다문화적 상황에 합리적인 교육과정과 교육 환경을 조성하는 장소이다.[2]

Banks(2007)는 다문화학교의 여덟 가지 특징에 대하여 다음과 같이 제시하였다. 첫째, 교사와 교육관계자들은 모든 학생에게 긍정적인 태도와 함께 높은 기대수준을 지녀야 하며 긍정적으로 배려한다. 둘째, 공식적 교육과정에서는 다양한 문화와 민족, 양성집단의 문화와 경험, 관점을 반영한다. 셋째, 교사가 사용하는 수업방식은 학생들의 문화적 특성과 학습특성, 동기에 맞추어야 한다. 넷째, 교사와 교육관계자들은 학생들이 사용하는 언어와 방언을 존중한다. 다섯째, 학교에서 수업교재를 사용할 때는 다양한 문화적 · 민족적 · 인종적 관점에서 사건과 상황, 개념들을 반영한다. 여섯째, 학교에서 시험과 평가 절차는 학생들의 문화적 다양성을 잘 반영하고 영재반 학급에 다문화가정 학생들을 적정하게 배정하도록 한다. 일곱째, 학교문화와 잠재적 교육과정에서 문화적 · 민족적 다양성을 반영한다. 여덟째, 학교 상담교사들은 다양한 인종, 민족, 언어집단의 학생들에게 높은 기대수준을 지니고 학생들이 직업목표를 정하고 달성할 수 있도록 돕는다(모경환, 2008: 53).

Bennett(2007)은 다문화학교에서 인종 간의 우호적 관계 형성이 가능하고 학생들의 학업 성취 수준이 향상된다고 하였으며, 김옥순(2010)은 긍정적인 학습의 환경 조성을 통하여 학생 개개인의 발달을 촉진할 가능성이 높다고 밝혔다. 다문화교육은 서로 이해하고 배려하는 분위기[3]가 조성되어야 한다. 학교 내에서 문화

---

2) Campbell(2010)에 따르면, 교육의 효과성 발전과 그에 따른 긍정적인 학교 분위기에 영향을 주는 결정적인 특징은 첫째, 안전하고 질서 있는 학교 환경, 둘째, 학교 경영자들의 긍정적인 리더십, 셋째, 교육 목표에 대한 공통의 합의, 넷째, 학교 교육과 학생의 학업 성취를 관리하기 위한 운영 방식이다.

3) Johnson & Johnson(2002)은 이상적인 다문화학교를 협동학교라고 하며, 학생들은 주로 협동학습 집단에서 활동하며 교사들과 직원들, 교육 행정가는 협력적인 팀에서 일하며, 협동학교의 구조는 대부분 협동학습을 사용하는 교실에서 시작한다고 하였다. 그래서 협력조직을 형성하기 위해서 긍정적인 상호의존과 협동이 학교 전반에 걸쳐 학습그룹, 교실, 교실 간, 학교, 학부모, 지역주민 간에 구축되어야 한다(김영순 외, 2010).

다원주의, 통합적 다원주의가 실현되기 위해서는 교사의 긍정적인 기대와 긍정적인 학습 환경, 다문화 교육과정의 조건이 필수적이다.

학자들이 말하는 다양성과 개방성을 갖추는 학교가 다문화학교이다. 그러나 한국에서 다문화학교는 다문화가정 학생들을 위한 한국 문화 이해 교육과 한국 문화 사회 교육으로 간주되고 있다. 현재 한국의 다문화학교는 다문화 중심학교나 다문화 연구학교처럼 다문화가정 자녀가 많이 다니는 학교에 국한되어 있다.

따라서 문화적 편견 극복과 차별을 해소하기 위해서는 학교 교육의 역할이 매우 중요하다. 어릴 때 심어진 인식과 습관이 나중에 성인이 되었을 때에도 큰 영향을 끼치기 때문에 학교 교육 현장에서 초등학교 때부터 다양한 방법으로 다문화교육을 실시해야 한다. 다문화교육을 통해 해당 학생들은 교육적으로 소외되는 것에서 벗어나게 되고, 일반 학생들은 다양한 민족·인종·문화를 이해하며 포용하게 되어 한국 사회의 역량을 키워나갈 수 있을 것이다. 이를 위해서는 학교의 모든 구성원인 교장, 교감, 교사, 학부모 그리고 교육 관련자들이 서로 긴밀히 협력함으로써 '다문화적인 학교' 환경을 갖추어야 한다. 즉 직접적인 교육의 기회는 '학교'를 통해 제공된다. 다문화가정의 학생과 함께 공부를 하는 일반 가정의 학생들, 그리고 그들의 부모와 지도하는 교사가 함께 하고 있는 학교는 다문화교육의 중심적인 역할을 수행할 수 있는 '다문화교육 중심'이라고 할 수 있다.

다문화교육이 성공적으로 이루어지기 위해서는 학교 교육의 역할이 매우 중요하다. 그러나 현재 일반 학교 현장의 다문화교육은 미흡하며 체계적으로 이루어지지 않고 있다. 또한 다문화교육이 효과적으로 이루어지기 위해서는 교사와 학교 관리자들의 의식변화가 우선되어야 한다. 이런 관점에서 학교 다문화교육의 변화는 시대적 과업이라고 말할 수 있다. 학교를 변화시키기 위해서 먼저 교사들이 학교문화를 이해하고 특성을 반영하여 학교문화를 변화시켜야 할 것이다.[4] 학교 교육의 성패가 직접 교육을 담당하는 교사에게 달려 있다고 할 때, 교사들이

---

4) Campbell(2010: 311)은 "민주주의, 역량 강화, 다문화교육 의식을 바탕으로 학교를 운영한다면, 학교에 성공적인 문화를 가져오고, 모든 학생과 교사 및 학교장에게 공정함과 정의를 고취시킬 것이다."라고 주장하였다.

높은 사기와 직무만족도를 가지고 자신이 지닌 능력을 최대한 발휘할 수 있도록 하기 위해서는 학교장의 역할이 요구된다.

Davidman(1994)은 다문화교육의 목적을 교육 평등, 학생과 그들 부모의 역량 강화, 사회문화적 다원주의, 학급 · 학교 · 공동체에서의 문화 간, 민족 간, 집단 간 이해와 조화, 개인과 집단의 자유, 다문화적 · 윤리적 지식기반의 확대, 다문화적 관점에서 학생 · 학부모 · 교사 · 교장의 능력 개발에 있다고 하였다. 특히 그는 교장의 능력 개발을 강조하였다. 왜냐하면 학교장은 학교를 경영하는 책임자로서 학교장의 철학에 따라 학교의 환경을 변화시킬 수 있기 때문이다.

학교장은 학교라는 하나의 거대한 조직을 이끌어야 하는 선장이라고 할 수 있다. 조직을 운영하면서 수없이 많은 의사결정 및 의견조율을 해야 하기 때문에 많은 직무와 역할을 동시에 수행하는 존재라고 할 수 있다.[5] 학교의 교육 환경과 조직이 복잡하게 변하면서 학교장은 과거보다 더 큰 역할을 하도록 요구받고 있으며, 학교장의 역할이 단순한 관리자에서 변화 촉진자로 변하고 있다. 명제창(1998)은 학교 교육에서 성공과 실패는 학교장이 지도성을 어떻게 발휘하느냐에 달려있으며, 인간의 본성에 대한 신뢰를 전제로 하여 헌신과 소신, 그리고 도덕적 지도성을 발휘하여 윤리적으로 활동하는 학교장을 이상적인 학교장으로 제시하였다.

---

5) 주삼환(2005)은 교장을 학교의 살림을 도맡아 해야 하기 때문에 학교 열쇠를 다 가지고 다니는 'Key boy'인 동시에, '외로울 시간도 없고 공간도 없는 사람'이라고 했다. 또한 각각 다른 소리를 내는 악기와 각 영역을 다 파악하고 조화를 이루는 '오케스트라 단장 혹은 지휘자' 혹은 'Guus Hiddink 감독'과 같은 국가대표 지도자로 표현하고 있다.

2.
학교 경영자로서 학교장의 역할

초·중등교육법 제20조 1항에 '교장은 교무를 통할하고, 소속 교직원을 지도·감독하며, 학생을 교육한다'라고 그 역할을 규정하고 있다. 이는 학교에서 학교장의 역할이 얼마나 중요하며, 학교장의 지도성 발휘 여부가 학교 조직에 미치는 영향이 얼마나 큰가를 단적으로 말해 주고 있다.

학교장이 주어진 역할을 효과적으로 수행하기 위해서는 먼저 교장의 과업 영역과 활동의 범위를 인식해야 하며, 그에 따른 역할 수행을 위해 효과적인 리더십을 발휘해야 한다(안병환, 2005). 학교장의 주요 업무는 학생, 교사, 부모들과 그리고 다른 조직적 구조를 세우는 것과 헌신하면서 다른 사람을 계발하기 위해 돕는 것과 학교 속에서 경영기능을 주의 깊게 모니터링하는 것이다(Lunenberg & Omstein, 2011).[6]

김종철(1992)은 미래에 필요한 학교장의 역할로서 첫째, 자율화 시대의 결정자, 둘째, 다원화 시대의 대표 또는 통합자, 셋째, 전문화 조직의 관리자, 넷째, 화

---

6) 오늘날의 학교장은 학생, 교사, 학부모, 국가, 사회로부터 각기 다른 역할을 수행하도록 요구받고 있으며, 이에 따라 학교장의 역할이 더욱 복잡하고 다양해져 가고 있다. 그러므로 학교장은 다양한 교육 수요자의 요구를 잘 수렴하여 효과적인 의사결정을 하는 존재로 거듭나야 할 것이다.

합을 지향하는 갈등의 조정자, 다섯째, 국제화 시대의 선도자, 여섯째, 창조적 학교 조직 발전의 촉진자로 관점을 말한다. 유사한 연구로 Sergiovanni(2003)에 따르면, 학교장의 역할은 첫째, 교사·학생·지역사회와의 의사소통, 둘째, 자신과 타인에 대해 신뢰하기, 셋째, 교실 관리, 지역사회인사의 교사 활용, 넷째, 갈등 중재, 다섯째, 집단역동성, 여섯째, 평가, 일곱째, 가정생활과 직장생활의 균형 유지, 여덟째, 기타(교사 대행, 회의 준비, 고객 관리) 등을 주장하고 있다(정일화, 2007 재인용).[7]

정태범(2000)은 학교경영을 '학교가 교육목표를 수립하고 수립된 목표를 달성하기 위하여 인적·물적 자원을 확보하고 이를 배분·활용하여 교육성과를 극대화하기 위한 활동이며, 학교의 교육목표를 달성할 수 있도록 제반 자원을 확보하고 활용하며 평가하는 일련의 활동'이라고 하였다. 학자에 따라서는 자원의 확보와 활용뿐만 아니라, 평가까지 포함하여 조정·통합해야 한다고 의견을 제시하기도 한다. 이러한 견해를 종합하여 보면, 학교경영은 교육목표를 달성할 수 있도록 제반 자원들을 확보하여 적절하게 배분하고 활용케 하여 교육의 성과를 극대화하고 일련의 과정을 평가하여 환류하는 활동이라고 할 수 있다.

다문화교육은 이제 피해갈 수 없는 학교 현장의 당면 과제가 되었다. 대부분의 학교에서 숫자의 차이는 있지만, 여러 유형의 다문화교육 대상 학생들이 존재하고 있으며, 이들을 적절히 교육하기 위한 학교 환경 조성은 필수 불가결한 과제가 되었다. 학교의 질은 학교장의 역량에 따라 많이 좌우되기 마련이다. 학교장이 다문화교육에 대한 올바른 가치를 정립하고 이를 교육 전반에 반영할 수 있어야 다문화사회를 향한 올바른 방향 정립을 이룰 수 있을 것이다.

---

7) Morris(1984)는 오늘날의 학교장은 "교육감이나 다른 중앙부서와 같이 한쪽 편으로부터 명령을 받아서, 다른 쪽의 교사들과 학생들에게 이 명령을 전달하는 전형적인 중간 관리자"로 지칭하고 있다(홍장성, 1999 재인용).

3.
학교 단위의 다문화교육 관련 사업

학교 단위에서 학교장을 중심으로 활용 가능한 다문화교육 관련 사업 내용을 살펴보면 다음과 같다(인천광역시 다문화교육정책 관련).

첫째, 다문화 이해 교육의 강화이다. 최근 각 교육청에서는 거점별 다문화 연구학교, 다문화 지원센터 등을 설립하여 여러 다문화 관련 정보를 제공하고 교수-학습 자료를 꾸준히 제공하고 있다. 또한 관련 교육을 학교 단위에서 실시할 때 전문가 초빙 등 제반 사항을 쉽게 해결할 수 있도록 하는 찾아가는 맞춤형 연수도 서서히 증가하고 있는 추세이다. 기본적인 소양을 갖추고 있어야 학생-학부모-교사 모두 한마음으로 올바른 다문화교육을 향해 나아갈 수 있기 때문에 이런 다문화 이해 교육은 반드시 필요하다고 할 수 있을 것이다. 지방자치단체에서 제공하는 각 나라별 원어민을 활용한 문화 이해 교육을 할 수도 있으며, 기초 언어를 배우거나 국제 이해를 돕는 다양한 활동이 병행될 수 있을 것이다.

둘째, 학부모 상담주간을 운영하여 학부모의 다문화 공감능력을 키워야 한다. 일선 학교에서는 공개수업이 있는 시기에 일주일 정도 학부모 상담 주간을 운영하고 있다. 이때 학부모를 대상으로 하는 다양한 연수가 이루어지기도 하는데,

대부분은 연수 주제가 자녀 양육이나 올바른 공부법 등이 내용의 다수를 차지하고 있다. 다문화의 중요성이 증가되고 있는 만큼 학부모를 대상으로 한 연수에 있어서도 관련 주제 개설을 적극 고려해야 할 것이다. 특히, 다문화가정의 경우 교사들의 상담을 절실히 원하고 있기 때문에 상담센터 개설 등 다양한 창구를 통하여 수요자가 원하는 교육 및 상담이 이루어지도록 학교장이 적극 노력해야 할 것이다.

셋째, 학교장은 교육과정 전반에 걸쳐 다문화교육을 도울 수 있는 다양한 교육과정 재구성을 주도할 수 있다. 먼저 한국 이해 중심의 다문화교육에서 벗어나 일반 학생이나 다문화가정 학생 모두가 정체성을 확립하고 타 문화를 이해·존중하며, 더불어 살아갈 수 있도록 생활 속의 사건, 주제, 문제 등을 내용으로 선정하여 통합교육을 실시하도록 교육과정을 재구성할 수 있다. 특히 초등학교 저학년에서는 각종 이미지 자료와 놀이학습을 활용하는 것이 효과적일 것이다. 그런 다음 다문화교육을 위해서는 범교과 프로그램이 효과적인 것으로 널리 알려져 있으므로 놀이학습이나 봉사활동, 학교행사 등 교과에서 다룰 수 없는 내용과 방법을 적용할 수 있을 것이다.

넷째, 학교장은 올바른 다문화교육 정착을 위해 인적·물적 자원의 투자를 아끼지 말아야 한다. 다문화 교수·학습 프로그램을 운영하기 위해서는 상담교사, 전담교사, 자원봉사자, 사회복지사, 다문화 언어 교사 등의 인적 자원이 필요하다. 또한 물리적 환경으로는 한국어반 운영, 체험학습 공간, 상담실, 지역교육센터 등이 마련되어야 할 것이다. 이런 인적·물적 자원을 확충하기 위해서는 학교 전체적으로 일반 학생이 다문화를 존중하고 이해하는 분위기를 조성해야 하며 학교 교직원의 공감대를 끌어내야 할 것이다. 특히 이 모든 지원이 실효를 거두기 위해서는 필요한 행·재정적 지원이 뒷받침되어야 하므로 이를 실행하기 위한 학교장의 역할은 매우 중요하다고 할 것이다. Campbel(2010: 432)은 다문화교육에서의 교육과정은 사회에 적절한 교육목표에 대한 개발자의 가치와 관점으로 개발되어야 하며, 교사들의 가치, 관점, 관련 학습이론을 바탕으로 지도된다고 하였다. 즉 다문화교육의 발달은 교육과정의 심층 부분에 대한 재분석과 교과서와 교육과정의 경험에 대한 적절한 개정을 필요로 한다.

Parker(2003: 13)는 다문화교육은 문화적 다양성과 인종적 자산을 지키고 육성하는 사회적 환경이 조성될 때 사회에 가장 크게 기여하며, 모든 학생에게 민주주의를 준비시키지 않는 교육과정은 불충분하다고 주장하였다.

단일민족 개념에서 다문화사회로 변화하는 과도적인 현실에서 다문화교육을 통해 다양한 문화에 긍정적인 태도와 다양성을 존중하는 마음을 가지도록 하기 위해 학교장은 다문화교육과정, 환경구성 및 효과적인 의사소통 등을 다음과 같이 접근해야 할 것이다.

첫째, 학교장은 다문화교육의 변화적 접근방법의 교육과정을 구성해야 한다. Banks(2008)는 다문화교육의 구성 요소를 내용 통합, 지식구성과정, 편견 감소, 공평한 교육법, 학교문화와 조직, 인종차별, 성차별, 계급차별, 언어차별, 장애인차별 등으로 설명한다. 이러한 구성요소들을 접목하여 교육의 기본방향을 변화시켜 다문화적인 사건, 개념, 주제, 문제 등을 다양한 시각에서 볼 수 있도록 변화적 접근 방법으로 재구성하여 교육한다. 따라서 다문화교육의 교육과정을 인종, 성별, 지역별 등의 다양한 시각을 가지고 재구성한다.

둘째, 학교장은 다문화교육에 맞는 다문화 친화적 학교 환경을 구성해야 한다. 세계 여러 나라 간의 교류가 확대되면서 지구촌이라는 용어는 이미 일상적으로 사용하게 되었다. 그러나 이제는 국가 안에서도 다양한 문화적·언어적·종교적 배경을 가진 사회 구성원의 비중이 높아지면서 전 세계적으로 심화되고 있는 다양성에 효과적으로 대비할 수 있도록 학교를 개혁할 필요성이 높아지고 있다. 이에 따라 학교에서 다문화학생에 대한 지원과 함께 일반 학생과 학부모에 대한 인식 개선을 지원할 수 있는 다문화 친화적 학교 환경 조성이 점차 강조되고 있다. 즉 다양한 인종, 민족, 사회계층 집단에서 온 학생들이 교육적 평등과 권한 부여를 경험하고 일반 학생들은 다양성을 수용하여 세계 시민으로서의 의식과 자질을 함양할 수 있도록 학교의 문화와 조직을 재구성하는 것을 말한다. 이를 위해서는 서로 다른 언어적·문화적 배경을 가진 다문화가정 학생들의 언어와 문화를 단점이 아닌 장점으로서 존중하여 이를 교육과정 안에 반영함으로써 다문화 학생들에게는 긍정적 정체성을 함양시키고, 일반 가정 학생들에게는 이들에 대한 문화를 수용하고 다문화사회에 맞는 소양을 길러 나갈 수 있도록 한다. 또한 학생의 발달 수준을 고려하여 환경구성을 하고 영역 간의 통합이 이루어질 수 있도록 하며 교육자료 선정 시 다양한 삶의 모습을 제시해 주어 고정관념이나 편견의 내용이 들어 있지 않은 교재·교구를 제공해 주며 정서적으로 안정된 분위기를 조성해 줄 수 있는 환경을 구성해야 한다.

셋째, 학교장은 모든 사람에 대한 평등을 추구하기보다는 자신의 자유이념을 중요하게 생각하며, 자신의 생각과 감정을 중요하게 여기지만 타인의 지위와 역할에 대해서도 잘 순응할 수 있는 문화도 의사소통 기술 교육을 중시해야 한다. 또한 자신이 누구인지 명확하게 인지하도록 돕는 것은 매우 중요하다. 긍정적인 자아존중감을 형성할 수 있도록 도와야 할 것이다. 이는 자아정체성 확립에서 시작해 민족정체성뿐 아니라, 대한민국에 적응할 수 있는 국민을 길러 내야 하는 우리나라 다문화교육의 출발점이기도 하다. 특히, 학교장은 다문화 역량의 교육적 실천을 위하여 학교와 같은 형식기관에서뿐만 아니라, 학교 바깥에서 이루어지는 조직적인 교육활동, 그리고 다양한 형태(축제, 전시, 미디어 등)의 체험 및 학습을 통해서 가정과 사회를 연계하여 일상생활의 경험 속에서 학습하는 무형식 학습과정 또한 간과해서는 안 된다.

최근 다문화교육의 흐름을 살펴보았을 때, 다문화교육에서 가장 중요한 것은 다수를 차지하고 있는 우리나라 일반 국민들의 다문화에 대한 올바른 인식 개선뿐만 아니라, 학교를 책임지고 있는 학교장의 인식 변화가 선행되어야 한다. 이런 점에서 다문화교육의 출발점은 다문화에 대한 올바른 이해이다. 학교장의 다문화에 대한 인식이 변화하지 않는다면, 학교에서 다문화교육이 성공적으로 실행되기 어렵다. 그러므로 다문화 이해 교육은 모든 학교 구성원이 다문화사회로의 전환을 인식하고 다양한 문화적 · 언어적 배경을 가진 사회구성원들과 함께 어울려 살아가기 위한 지식뿐 아니라, 올바른 인식을 갖출 수 있도록 학교장의 역할을 다해야 한다.

III

한국의 다문화교육정책 현황

지금까지 다문화교육을 위한 여러 가지 노력들이 있어왔다. 다문화가정 자녀에 대하여 정부 차원에서 공공재단이나 지방자치단체를 중심으로 전담팀을 만들어 다문화가정 학생에 대한 입학 상담이나 한국어·전통문화 교육 및 학습지원이 이루어지고 있다. 외국인근로자 가정 학생에 대해서는 시민단체, 종교계의 외국인노동자센터나 노동자의 집 및 외국인노동자 상담소 등이 운영되고 있다. 하지만, 한국 사회의 다문화교육정책에서는 법적·제도적 장치가 상대적으로 취약한 상황에 있다. 최근 들어 출입국관리법의 외국인 개념 규정과 아동복지법 등을 개정하고 다수의 외국인 권리 보호를 위한 국제협약에 가입하며 학생의 권리에 관한 협약을 비준하기도 하였지만, 아직 교육상의 차별 금지나 이주노동자에 대한 권리 보호 등의 측면에서는 보완해야 할 법적·제도적 장치가 많이 있는 것 역시 사실이다. 이에 다문화가정에 대한 문화적 다양성을 인정하면서 이들의 사회 적응을 돕고 한국인의 차별의식을 해소하여 사회통합을 도모하는 데, 다문화교육이 절실히 요청된다. 다문화교육은 한국이 다문화사회로 진입하는 과정에서 발생한 사회문제를 해결하기 위한 역할을 감당해야 한다. 따라서 정부는 공식적으로 한국이 다문화사회로 진입하고 있다고 선언하고, 이들을 새로운 사회구성원으로 한국 사회에 통합하기 위하여 각종 다문화교육정책을 적극적으로 추진하고 있다. 이 절에서는 교육부에서 다루는 정책을 살펴보고자 한다.

1.
한국의 다문화교육정책 실태

　　학교의 다문화교육정책의 실태를 살펴보면, 2006년 5월 교육부에서 '다문화가정 자녀 교육지원 대책'을 수립 · 실시한 이후, 매년 명칭은 조금씩 다르나 이와 같은 대책 또는 계획을 수립하였다. 다문화교육정책은 일반적으로 '시민성 교육'의 성격을 지니고 있다. 다문화교육정책의 내용은 언어, 문화, 제도 등 다양한 분야가 포함될 수 있으나 결국 그 지향점은 이를 통해 어떤 시민을 길러낼 것인가 하는 것이 핵심이다.

　　교육과학기술부의 다문화교육정책에 대한 주요 성과는 다문화가정 자녀 교육 지원에 관한 체계적 계획 마련, 다문화교육 관련 연구개발 지원, 방과 후 학교 및 맞춤형 다문화교육 지원 등 학교 현장 차원의 다문화교육 지원 및 교육방안 연구지원, 불법체류자 자녀의 국내학교 입학, 절차 개선 등이다.

　　2006년도 교육인적자원부는 다문화가정 자녀 교육지원사업의 목적을 다문화가정 자녀들이 정규 교육으로부터 방치되거나 소외되지 않고 교육 혜택을 받을 수 있도록 지원하는 데 두었다. 이는 다문화가정 자녀들을 소외계층으로 보고 교육복지 차원의 대책을 마련하고자 하는 것이다.

2007년에는 2006년에 추진하면서 발생한 문제점에 대한 지원대책의 기본방향을 관련 정책 및 사업의 체계적인 관리로 설정한 후 사업내용을 학교 중심의 다문화교육 강화, 지원체제별 다각적 협력체제 구축 관련 연구 및 지원의 전문성 제고를 목표로 설정하여 구체적 방안으로 방과 후 학교 프로그램 개설, 교원연수 강화, 지역센터와 교육청과 연계한 지원 프로그램 활성화, 교육과정 및 교과서에 다문화교육 요소 반영 등의 정책을 시행하는 내용을 담았다(교육인적자원부, 2007).

2008년에는 다문화가정 학생 교육 지원을 위하여 비교적 장기적이며 종합적이고 체계적인 계획으로 2009년에서 2012년까지 4년에 걸쳐 추진할 '다문화가정 학생 교육지원 중장기 계획'이 발표되어 시·도 교육청이 각 지역의 여건과 우선순위에 따라 세부 실행계획을 세움으로써 급증하는 다문화가정 학생의 교육 수요를 고려하여 대책을 마련하였다.

2009년도의 계획은 다문화가정 학생의 특성을 고려한 맞춤형 교육 지원이 필요하고 교사, 일반 학생 및 학부모들의 다문화가정에 대한 인식 개선의 필요성을 근거로 수립되었다. 정책의 추진 목적은 급증하는 다문화가정 학생의 특성을 고려한 맞춤형 교육 지원을 통해 이들의 조기 적응, 교육적 성취 향상을 지원하고 교사, 일반 학생, 학부모 등의 다문화 이해 제고 활동 등을 통해 사회의 다문화가정에 대한 인식을 개선하는 데 급선무를 두었다.

2010년에는 '배움과 이해로 함께 살아가는 다문화사회 구현'이라는 비전 아래 다문화가정 학생 교육 지원계획이 발표되었다. 이 계획은 최근 결혼이주자와 외국인근로자 등이 급증함에 따라 우리 사회 구성원의 언어적·문화적 배경이 급속하게 다양화되었고, 이에 따라 다문화가정 학생의 수도 급증하는 것에 대한 대책의 일환으로 마련되었다. 이들의 언어적·문화적 격차를 해소하고 주류사회 구성원으로서 성장하도록 지원하고, 다문화가정 학생의 특성을 고려한 맞춤형 교육 지원 및 일반 학생의 다문화 감수성 제고를 위한 다문화 이해 교육을 활성화시키고 다문화 인식 개선을 위하여 교사 연수를 강화할 필요가 있다는 취지에서 계획되었다(교육과학기술부, 2010).

　　교육과학기술부는 2012년 3월 다문화가정의 학생이 증가하고, 성장함에 따라 모든 학생이 다양성을 이해하는 창의적인 글로벌 인재로 성장할 수 있도록 「다문화학생 교육 선진화 방안」을 발표하였다. 그동안 다문화학생을 소외·취약 계층으로 간주하여 지원의 대상으로만 인식하는 경우가 많았지만, 앞으로는 다문화학생이 가지고 있는 적성과 재능을 개발하여 우리 사회의 인재로 성장할 수 있도록 인식을 전환할 필요가 있을 뿐만 아니라, 다문화사회에서 다양성에 대한 이해와 차이에 대한 존중은 모든 학생이 갖추어야 할 핵심 소양으로 다문화교육은 모든 학생을 위한 교육이 되어야 한다는 취지에서 발표하였다.

2.
교육과학기술부의 주요 방안 내용

교육과학기술부의 이 방안은 최근 다문화학생이 지속적으로 증가함에 따라 학교가 중심이 되어 다문화 친화적 교육 환경을 조성하고, 중도입국 자녀 등 다문화학생의 개인별 특징이 다양화되어 이를 고려한 맞춤형 교육을 실시하기 위한 것이다. 이 방안의 주요 내용은 다음과 같다(교육과학기술부, 2012).

첫째, 다문화학생의 공교육 진입을 위한 예비학교 및 다문화 코디네이터 운영, 앞으로 다문화가정 자녀가 정규학교에 배치되기 전에 사전 적응 교육을 받을 수 있는 예비학교가 전국적으로 확대 운영이 된다. 또한 출입국관리소에서 외국인 등록, 국적 취득 시부터 입학 절차 안내가 강화되고, 교육청에 다문화 코디네이터를 두어 입학 상담부터 학교 배치, 사후관리까지 입학의 전 과정을 지원한다. 특히 다문화 코디네이터는 지역 내 평생교육기관과 협력하여 학교 밖 다문화학생을 적극 발굴하고 학교 입학을 지원한다.

둘째, 한국어 교육과정(KSL) 도입 및 기초학력 책임 지도를 강화한다. 한국어가 서투른 다문화학생의 기본 한국어 능력을 강화하기 위해 진단부터 수준별 교육까지 한국어 교육을 강화한다. 이를 위해 초·중·고등학교에서 한국어 교육과정을 정규과목으로 운영이 가능하도록 한국어 교육과정을 신설하고, 한국어 표준교재와 진단도구(학생용 TOPIK)를 개발하여 학교에 보급한다. 다문화학생의 기초학력을 책임지도하기 위해 대학생 일대일 멘토링 대상을 중·고등학생까지 확대하고, 교통이 불편한 농촌의 다문화학생을 위해 온라인 멘토링 시스템이 도입된다. 다문화학생의 조기 적응을 돕기 위해 기초 예절, 한국 문화부터 학교생활 적응까지 창의적 체험활동 등을 통한 지원도 강화된다.

셋째, 다문화학생과 일반 학생이 함께 배우는 다문화 언어교육을 강화한다. 모든 학생들에게 다양한 문화와 다문화 언어학습 기회를 부여하고 다문화학생의 강점을 살리기 위해 각국의 문화, 역사 이해 중심의 방과 후 학기, 방학·주말 다문화 언어교육 프로그램이 강화된다. 이를 위해 현재 120명 수준인 다문화 언어강사를 단계적으로 양성하여 2015년까지 1,200명 수준으로 확대한다. 다문화 언어교재는 수준별로 베트남어·태국어·몽골어·러시아어 등 소수 언어를 우선 개발하고, EBS방송 프로그램도 함께 개발·보급된다.

넷째, 다문화학생 진로·진학 지도를 강화한다. 다문화학생의 다양한 진로 탐색 기회를 지원하기 위해 2012학년부터는 서울·충북 지역에 직업 교육 대안학교인 다솜학교[1]가 운영되고 2013학년도부터는 인천 지역에 추가로 운영된다. 특히 다문화학생이 글로벌 인재로 성장하는 것을 돕기 위해 글로벌 브리지 사업[2]을 확대하여 매년 우수 다문화학생을 4개 분야 300명씩 육성한다.

다섯째, 다문화 친화적 학교 환경을 조성한다. 다문화 친화적 지원체계가 우수한 학교 150개교를 글로벌 선도학교로 집중 지원하여 지역 내 다문화교육의 중심학교로 육성한다. 또한 교원 양성단계부터 다양한 문화와 언어적 배경을 가진 전문인력을 양성하기 위해 다문화학생이 직접 교사가 될 수 있도록 교육대학교 다문화과가 특별전형으로 확대된다. 예비교원을 위한 교·사대 다문화 강좌

---

1) 다솜학교는 다문화청소년의 기술·직업교육 중점의 교육과정을 운영하는 인가형 다문화 대안고등학교이다.
2) 이 사업은 매년 지속적으로 증가하고 있는 다문화가정 학생들의 잠재능력을 적극 계발하고 글로벌 인재로 육성하기 위해 맞춤형 교육 프로그램을 운영하는 사업이다.

개설을 지원하고, 현장 교원 연수도 체계화되어 교사의 다문화교육 역량을 강화한다.

여섯째, 일반 학생과 학부모에 대한 지원을 강화한다. 일반 학생들이 다양성을 긍정적으로 인식하고 성장할 수 있도록 상호이해교육을 강화한다. 다문화 친화적인 교과서를 개발·보급하고, 글로벌 선도학교를 중심으로 방과 후 학교 프로그램, 창의적 체험활동 등 다양한 형태의 교육 프로그램을 활성화한다. 다문화가정 학부모 교육을 강화하기 위해 다문화 학부모 평생교육 프로그램 운영기관을 기존 11개에서 16개로 확대한다. 그리고 다문화가정 학부모와 일반 가정 학부모가 함께 참여하는 동아리를 활성화하여 일반 가정 학부모와의 교류를 유도한다.

이처럼 다문화학생 교육 선진화를 위한 학교 교육방향도 다양한 문화적·언어적 배경을 가진 학생들이 함께 배우고 생활하는 공간으로 변화하고 있어 학교의 역할 변화가 필요한 시점에 와 있다.

3.
교육부의 다문화학생을 위한 사업 내용

2014년 교육부는 다문화학생이 처음으로 7만 명을 돌파할 것으로 예상되는 가운데 다문화 관련 교육 지원을 위해 전년보다 약 60억 원[3]이 증액된 총 215억 원의 예산을 지원한다고 밝혔으며 사업규모도 다음과 같이 늘렸다.

첫째, 중도입국 학생의 적응 촉진을 위하여 예비학교를 80교로 확대하고 학력서류 구비가 어려운 중도입국 학생에 대해 원활한 학력심의가 이루어지도록 7개 언어의 학력심의 평가지를 개발·보급한다.

둘째, 다문화학생과 일반 학생이 다름을 존중하고 어울려 살며 자신의 꿈과 끼를 함께 키워가는 학교 문화를 조성하기 위해 다문화교육 중점학교를 120교로 운영한다.

셋째, 다문화학생의 소질·재능 개발 및 육성을 위하여 글로벌 브리지 사업 운영과 직업교육 기회를 확대한다.

---

3) 2013년 155.4억 원에 비해 59.6억 원(38%) 증액하였다.

이 밖에도 다문화교육에 대한 교원인식 및 역량 제고와 사회통합을 위한 다
문화교육[4])을 지속적으로 추진해 나가겠다고 밝혔다.

---

4) 다문화교육은 가족을 구성하는 다양한 출생, 문화나 민족의 상이성과 다양성을 진정으로 인정하는 다문화주의
가 강조되기보다는 한국 사회의 동화를 전제로 한 적응을 강조하고 있다(한건수 외, 2008).

IV

인천광역시 다문화교육정책 현황

인천광역시교육청은 한국 사회 구성원의 언어·문화적 다양화가 진행되고 있는 가운데 다문화가정 학생의 특성을 고려하여 『다름을 넘어 세계를 품는 글로벌 인재육성』의 정책 방향과 전략을 다문화교육정책으로 수립하였다(박인배, 2011). 정책을 수립한 배경에는 2011년 다문화교육정책에 대한 성과에 따라 앞으로 인천 사회가 외국인 주민과 그 자녀의 급격한 증가에 대비하여 다문화사회에 전제적으로 대응하는 다문화학생 교육 지원방안의 마련이 시급하고, 그 외에도 다문화학생의 교육 수요에 맞는 맞춤형 지원이 필요하고, 다문화학생 지원을 위한 전 사회적인 협력체계 구축이 필요하기 때문이다.

1.
인천광역시 다문화가정 자녀의 현황

인천광역시 외국인 주민 증가에 따른 다문화가정 학생 재학 수가 2008년 798명에서 2009년 1,265명, 2010년 1,896명, 2011년 2,411명, 2012년 2,468명 그리고 2013년 현재 3,102명으로 급속하게 증가하였다. 인천광역시의 연도별 다문화가정 학생 수의 증가 현황은 다음 〈표 4-1〉과 같다.

〈표 4-1〉 인천광역시 다문화가정 학생 수 증가 현황(2013. 4. 1. 기준)

연도	유	초	중	고	각종	계	증가율
2013		2,194	583	232	93	3,102	25.69%
2012		1,824	474	170	-	2,468	30.4%
2011	399	1,528	364	120	-	2,411	27.1%
2010	301	1,268	230	97	-	1,896	49.9%
2009	166	909	130	60	-	1,265	58.5%
2008	115	577	71	35	-	798	-

* 출처: 인천광역시교육지원청 자료

〈표 4-1〉은 향후 인천시의 다문화가정 학생들이 꾸준히 증가할 것이라는 점

을 시사한다. 다문화가정 학생이란 국제결혼가정 학생과 외국인근로자가정 학생을 모두 포함한다. 2013년 4월 현재 인천광역시의 국제결혼가정, 외국인근로자가정으로 구분하면 다음 〈표 4-2〉와 같다.

〈표 4-2〉 인천광역시의 다문화가정 배경별 자녀 현황(2013. 4. 1. 기준)

구분		초	중	고	계	비율
국제결혼	국내 출생	1,864	483	161	2,508	80.85%
	중도입국	203	101	64	368	11.86%
외국인근로자		150	44	32	226	7.29%
계		2,217	628	257	3,102	100%

* 출처: 인천광역시교육지원청 자료

국제결혼가정의 학생은 국내 출생 2,508명, 중도입국 368명을 합해서 2,876명으로 전체의 92.71%이고, 외국인근로자가정의 학생은 226명으로 전체의 7.29%이다. 이는 부모 중 한 사람이 외국인인 국제결혼의 다문화가정 학생 수가 부모 모두 외국인인 외국인근로자가정 학생 수보다 현저히 많음을 알 수 있다.

다음 〈표 4-3〉은 2013년 4월 현재 인천광역시의 다문화가정 학생들의 부모 출신국별 현황을 나타낸 것이다.

〈표 4-3〉 다문화가정 학생의 부모 출신국별 현황(2013. 4. 1.기준)

구분	중국	일본	조선족	필리핀	베트남	남부아시아	몽골	러시아	중앙아시아	타이완	타이	미국	인도네시아	유럽	아프리카	오세아니아	기타	계
초	582	275	316	276	244	69	67	61	77	40	56	22	10	14	8	5	69	2,194
중	148	143	110	63	31	14	9	7	9	8	9	8	5	2	3	–	14	583
고	35	85	42	13	9	8	10	3	1	8	1	2	4	–	1	–	10	232
각종	40	1	14	6	5	3	4	4	9	.	1	3	.	–	2	–	1	93
계	805	504	482	358	289	94	90	75	96	56	67	35	19	16	14	5	94	3,102
비율	25.95	16.25	15.54	11.54	9.32	3.04	2.90	2.42	3.13	1.82	2.16	1.14	0.62	0.52	0.45	0.16	3.04	100

* 출처: 인천광역시교육지원청 자료

다문화가정 학생 부모 출신국별 현황에서는 초ㆍ중ㆍ고에서 중국, 일본, 조선족, 필리핀 그리고 베트남 국적이 대부분을 차지하고 있다. 기타 국가로서 몽골, 러시아, 타이완, 타이 등에서도 점차 증가 추세를 보이고 있다.

인천광역시교육청은 이러한 다문화가정 증가 추세를 감안하여 다문화교육 중심학교, 다문화교육 연구학교, 다문화교육정책 추진학교를 운영하고 있다. 이들 학교의 조직 및 현황을 보면 다음 〈표 4-4〉와 같다.

〈표 4-4〉 다문화교육 중심ㆍ연구ㆍ정책추진 학교 조직 현황

교육청	지역	소속학교(초ㆍ중)	유치원
남부	남부-1	창영초, 만석초, 서림초, 서흥초, 송림초, 송현초, 동명초, 영화초	인천 만석초 병설 유치원
	남부-2	공항초, 영종초, 운서초, 용유초, 삼목초, 운남초	
	남부-3	숭의초, 도화초, 서화초, 석암초, 용정초, 주안북초, 대화초, 경원초, 관교초, 승학초, 남부초, 주안남초, 주안초	
	남부-4	학익초, 용현초, 용일초, 용현남초, 백학초, 인주초, 학산초, 연학초, 문학초	
	남부-5	신흥초, 송월초, 신광초, 연안초, 신선초, 인성초	
북부	북부-1	청천초, 용마초, 마곡초, 산곡북초, 산곡초, 한일초	인천 용마초 병설 유치원
	북부-2	부곡초, 부마초, 마장초, 미산초, 부원초, 산곡남초	
	북부-3	십정초, 대정초, 백운초, 동암초(글로벌 선도), 상정초, 하정초, 신촌초	
	북부-4	부흥초, 한길초, 후정초, 삼산초, 영선초, 부평북초, 갈산초, 갈월초	
	북부-5	부개서초, 구산초, 부일초, 부광초, 부내초	
	북부-6	개흥초, 부평동초, 부평서초, 부평남초, 진산초, 굴포초	
	북부-7	동수초, 부개초, 일신초, 금마초	
동부	동부-1	장수초, 신월초, 만수초, 도림초, 남동초, 담방초, 성리초, 남촌초, 서창초	논현 유치원
	동부-2	인동초, 동부초, 만수북초, 인수초, 조동초, 새말초	
	동부-3	약산초, 석천초, 간석초, 상인천초, 상아초	
	동부-4	구월서초, 구월초, 만월초, 정각초, 주원초, 석정초	
	동부-5	선학초, 논현초, 논곡초, 장도초, 소래초, 동방초, 은봉초, 고잔초, 원동초, 사리울초, 송천초	
	동부-6	연수초, 동춘초, 연성초, 동막초, 연화초, 청량초, 서면초, 먼우금초, 신송초, 해송초, 박문초	
	동부-7	축현초, 송도초, 중앙초, 문남초, 청학초, 옥련초, 능허대초, 함박초	

교육청	지역	소속학교(초 · 중)	유치원
서부	서부-1	안남초, 부평초, 계산초, 부현초, 안산초, 해서초	인천 성지초 병설 유치원
	서부-2	화전초, 작전초, 작동초, 부현동초, 신대초, 서운초	
	서부-3	양촌초, 병방초, 계양초, 소양초, 귤현초, 당산초, 길주초	
	서부-4	효성초, 효성서초, 효성동초, 효성남초, 명현초, 성지초, 교대부설초	
	서부-5	신현초, 서곶초, 양지초, 가현초, 신현북초, 신석초, 청라초, 초은초, 경명초, 해원초	
	서부-6	천마초, 봉수초, 심곡초, 석남초, 가석초, 공촌초	
	서부-7	가정초, 석남서초, 봉화초, 가좌초, 건지초, 가림초	
	서부-8	당하초, 백석초, 마전초, 간재울초, 검암초, 은지초, 경서초, 단봉초, 금곡초, 왕길초	
	서부-9	검단초, 능내초, 완정초, 창신초, 불로초, 목향초, 발산초, 원당초	
강화	강화-1	하점초, 합일초, 갑룡초, 삼성초, 양도초, 길상초, 조산초, 교동초, 난정초, 지석초, 서도초	송해초 병설 유치원
	강화-2	대월초, 강화초, 양사초, 송해초, 내가초, 명신초, 삼산초, 해명초, 선원초, 불은초, 화도초	

　　남부교육청 소속의 5개교, 북부의 7개교, 동부의 7개교, 서부의 9개교와 강화의 2개교가 현재 다문화 중심학교로 운영 중에 있다. 그리고 각 교육청에 1개의 유치원 프로그램도 운영 중에 있다. 따라서 인천의 다문화가정 학생들이 각 지역에 산재되어 있어도 다문화가정 학생들을 위해서 다문화교육 프로그램을 운영하고 있다.

　　앞으로도 외국이주민과 그 자녀의 급격한 증가에 대비하여 다문화사회에 선제적으로 대응하는 다문화학생 교육 지원방안의 마련이 시급하고, 다문화학생의 교육 수요에 맞는 맞춤형 지원, 다문화학생 지원을 위한 전 사회적인 협력체계를 구축하고 있다(박인배, 2012). 그 하위 추진 계획은 첫째, 다문화교육 기반 구축, 둘째, 다문화가정 학생 맞춤형 교육 지원, 셋째, 다문화가정 학부모 교육역량 강화, 넷째, 다문화 이해 제고 및 확산 등을 중점적으로 하고 있다.

2.
한국 다문화교육의 동향

이러한 교육부에서 발표한 정책과 인천광역시 다문화교육정책의 방향과 수립을 통해 한국 다문화교육의 동향을 살펴보고자 한다.

다문화사회로 진입하기 시작한 한국은 다문화교육정책을 여러 부처에서 추진하고 있지만, 확고한 비전 없이 현실문제 해결 수준의 정책을 수집하여 추진하고 있는 실정이다. 다문화가정 및 자녀들의 한국 문화 적응교육에 초점을 맞추어 왔기 때문에 단일성 추구에 목적을 둔 프로그램을 운영해 왔다고 할 수 있다. 다문화교육정책의 교육내용과 방법, 평가 방법 등에 관한 것보다 주로 다문화가정 자녀를 위한 지원 방안에 관한 것이다.[1]

류방란(2013)은 한국에서의 이주민은 돌봄 노동의 이동, 생산과 서비스 노동의 이동으로 볼 수 있다. 이주민들의 상당수는 아시아 지역의 나라에서 유입되어 미주의 여러 나라의 사람들과는 달리 외모의 차이가 상대적으로 뚜렷하지 않다. 노동이주의 경우 가족이주를 금하고 있어, 외국인근로자 중 상당수가 우리 사회의 경제 활동에 참여하고 있지만 이름에서부터 부정적인 집단으로 분류되는 '불

---

1) 이 절에서 주로 분석의 대상이 된 자료는 교육인적자원부(2006, 2007), 교육과학기술부(2008, 2009, 2010, 2011, 2012, 2013), 교육부(2014) 것이다.

법 체류자'이다. 이에 비해 결혼이주의 경우 한국인 배우자의 사이에서 출생한 자녀의 경우 한국인으로서의 법적 지위가 보장되며, 부모 중 한편이 한국인이므로 문화 차이는 상대적으로 크지 않다고 하였다. 이는 한국어가 서툰 이주여성 어머니로부터의 학습지도 어려움으로 인하여 학업 성취에서의 부진을 나타내고 있어 다문화가정 자녀를 겨냥한 교육정책은 부모 출신국 문화의 영향을 받으며 학생이 학교에서 느끼는 문화의 차이나 갈등보다 경제적 여건 등 현실적인 어려움에 우선 주목하여 정책을 전개하고 있음을 알 수 있다.

다문화가정은 크게 결혼이주가정, 외국인근로자가정, 그리고 새터민가정 등의 세 범주로 구분되는데, 다문화교육정책은 주로 결혼이민자가정의 자녀들에게 집중되고 있다. 결혼이민가정의 자녀들 중 만 6세 이하 영유아가 약 67%[2]를 차지하고 있어 교육정책도 주로 12세 미만 자녀의 언어발달 지체로 인한 학습결손을 방지하여 학교적응을 돕기 위한 교육지원 강화에 초점이 맞춰져 있다.

또한 다문화가정 학습자가 느낄 가정의 문화와 학교가 대변하는 주류문화와의 갈등, 그것이 학업 성취에 미치는 부정적 영향 등을 극복하기 위해 교육내용과 교수-학습의 변화를 필요로 하는 방안에 비해 불리한 여건에 처한 이주배경 아동청소년들을 위한 지원방안들이 대부분이다. 그러나 한국에서 중앙 부처인 교육부가 제시한 다문화교육정책 방안이 무엇인가를 물으면 주저하고 있다. 교육부가 제시한 방안은 다문화교육 방안이 아니라, 다문화가정 학생 지원방안이기 때문이다. 담당하는 조직도 교육복지에 속하여 있다. 교육복지는 모두를 위한 교육의 질 개선을 의미하나, 현실적으로 빈곤층 등 사회적 약자를 지원하는 의미로 통용되는 경향을 고려하면 정책적으로 다문화가정 학생이 어떻게 간주되는지, 왜 다문화교육이라는 말을 전면에 내세우지 않는지를 짐작할 수 있다. 정책의 대상은 주로 '다문화가정 학생'이며 정책의 내용은 주로 '지원'이다(류방란, 2013: 338).

다문화사회에서 가장 중요한 교육적 과제는 새로운 교육 소외계층으로 등장

---

2) 이경희(2011), 「한국 다문화교육정책에 대한 비판적 고찰」, 『교육사회학연구』 21(1), 한국사회교육학회, pp. 111-131.

하고 있는 다문화가정 자녀들에 대한 배려와 지원, 그리고 기존 다수자 자녀들의 다문화적 시민성을 육성하는 것이다. 다문화사회로의 급속한 변화만큼이나 지난 수년 동안 많은 시행착오를 겪으면서 한국 사회로 이주한 다양한 배경의 이주민 가정과 자녀들을 위한 교육 지원방안과 프로그램이 실행되어 왔다. 그러나 부처 간의 중복된 프로그램 운영과 이로 인한 재정 낭비, 정부기관과 NGO 간의 갈등은 차치하고서라도, 다문화가정 자녀들을 대상으로 교육이 이루어짐에 있어서 그간 정부 및 교육과학기술부 차원에서 기관과 프로그램들의 운영에 있어 효율성과 효과성, 교육지도자 자격 및 자질 관리, 교육성과에 대한 점검 등이 한 번도 제대로 평가되지 않았다.

2007년도 다문화가정 학생 교육지원계획(교육인적자원부, 2007)에 제시된 정책 목표는 '언어 및 문화 장벽 해소', '사회적 귀속감 및 다문화 감수성 증대' 등이다. 이 목표는 이주배경 청소년들을 대상으로 한 것이며 모든 학생을 대상으로 한 것으로 보기는 어렵다. 다문화 감수성 증대는 모든 학생을 염두에 둔 것이며 구체적인 정책 과제로 다문화 이해 교육 강화를 포함하고 있으나 주된 정책 대상은 이주배경 청소년에 쏠려 있다고 볼 수 있다. 매년 계획되어 운영되는 교육정책이 여전히 주류와 비주류, 우리와 그들을 분리시키고 있으며, 분절된 정책을 토대로 교육정책이 방향 지워지고 있다는 인상이 짙다. 그러므로 2007년 다문화교육정책 가운데에 다문화가정 학생만이 아닌 모든 학생을 위한 다문화 이해 교육 강화를 포함시키도록 하면서 일반인도 다문화교육의 대상이 된다는 점을 깨우쳤다. 그러나 여전히 주된 정책적 대상은 다문화가정 학생이라고 볼 수 있다(류방란, 2013: 339).

3.
인천광역시 다문화교육정책

인천광역시교육청에서 제시하고 있는 다문화 관련 정책도 주로 지원정책에 쏠려 있지만 교육의 과정 면에서 다문화교육에 관한 것은 일부분에 불과하다. 그러나 그것도 교육내용의 재구성, 교수-학습 방법, 평가방법 등의 변화를 본격적으로 시도하려는 것은 아니지만, 주로 현재의 학교 교육에 학생들을 적응하도록 돕는 데 주된 목적이 있다. 이와 관련한 정책은 크게 다음과 같이 교육과정, 교육프로그램, 학생의 학습이나 학교생활 적응, 교사 지원 등으로 구분된다.

첫째, 다문화가정 학생의 특성에 맞는 학습지도, 상담 등을 지원하고, 학생의 학교 적응 및 학력 증진을 지원하기 위해 예비초등교사와 교육청이 연계하여 다문화가정 학생 멘토링 사업을 통해 맞춤 교육을 지원하였다.

둘째, 중도입국 청소년을 위해서 인천한누리 다문화대안학교를 개교하고 다문화가정 학생들을 위해서 학습 결손을 예방하기 위한 프로그램을 제공하도록 하였다. 다문화가정 학생들의 학습과 적응을 위한 멘토링 프로그램도 꾸준히 시행되고 있다. 방학 중에는 집중 멘토링 캠프를 장려하였다.

셋째, 다문화가정 학생의 특성을 고려한 글로벌 인재 양성으로 수학과 과학,

언어, 예체능, 리더십 분야 등으로 나누어 대학교와 연계한 프로그램을 개발하고 운영하고 있다. 또한 다문화 언어교육을 강화하는 정책, 다문화가정 학생, 그리고 모든 학생들에게 교육활동을 제공하는 교사들이 학생들의 이해에 기초하여 다문화교육을 할 수 있도록 교원 양성단계와 현직교육 프로그램을 운영하고 있다.

교육에서 학습자들의 다양성은 비단 이주민이나 이주배경을 지닌 학생들뿐만 아니라 모두를 위해서도 존중되어야 할 것이다. 개인의 사고, 감성 등의 특성, 차이에 대한 존중과 상호 소통의 가치를 실현하는 기반을 마련하는 것은 이주민이나 이주배경을 지닌 학습자들의 유입을 계기로 이전의 교육을 성찰할 필요성을 제기하고 있다.

우리나라의 다문화교육정책은 분명히 많은 성과를 거두고 있다. 그러나 위세 가지 측면에서 향후 개선방안을 고민해 보아야 한다. 정책의 목표와 대상, 추진 주체의 역할이 명확하게 규정되지 않은 다문화교육은 많은 예산과 인력을 투입한다 하더라도 새로운 문제들을 계속 만들어 낼 것이다. 다행인 것은 각 지역에서 지역 특성에 부합하고, 시급한 문제들에 점진적으로 접근하고 있다는 점이다.

과거 그 어느 시대와 비교할 수 없을 정도의 경제적 풍요로움과 국제사회에서의 높은 위상을 경험하고 있는 한국 사회가 '다문화'와 관련된 국가정책의 방향을 어떤 방식으로 어떻게 돌리는가에 국가사회의 생존이 걸려 있으며, 이러한 문제해결의 핵심에 '교육'이 있다. 다문화사회를 표방하는 한국 사회에서 소수자들이 사회에서 차별받지 않고 오히려 한국 사회의 풍부한 인적자원이 될 수 있도록 강력한 법과 제도적 기반 위에 국가사회의 적극적인 정책과 교육으로 지원해야만 한다. 앞으로 다문화교육 현장에 대한 더 많은 연구가 진행되고 연구결과들이 정책에 긍정적으로 반영된다면 지금보다 더 나은 성과를 기대할 수 있을 것이다.

V

학교 경영자들의 다문화교육에 관한
인식 및 정책행동 탐구방법

1.
연구설계

초등학교장의 다문화교육에 관한 인식 및 정책 실천에 관한 연구로 연구문제 해결을 위한 연구방법인 통합연구방법을 설명하기에 앞서 '왜 연구에서 통합연구방법론을 활용하였는가'에 대한 연구방법론적 논의가 필요하다.

연구방법론은 구체적인 연구기술과 함께 이론적 · 철학적 논의를 포함해야 하는 만큼(Kaplan, 1998), 연구방법론은 주제의 선택에 대한 규범적 차원과 문제의 접근에 대한 인식론적 차원에 대한 논의가 선행되어야 한다.

첫째, 규범적 차원에서 방법론의 구분은 '왜 어떤 주제를 선택해야 하는가'라는 연구의 가치와 관련된 것으로, 연구주제에 대해 가치중립적이어야 한다는 주장과 가치를 개입해야 한다는 비판적인 주장으로 나뉜다. 전자는 일반적으로 사회적 실재란 인간의 의지에 의해 구성되는 것이 아닌 그 자체로 존재하는 것이라 본다. 이러한 주장은 실재의 질서를 과학적으로 발견하여 경험의 일반화를 목적으로 두기 때문에 가치가 배제된 접근인 양적 방법을 주로 활용한다. 반대로 후자는 사회적 실재는 인간 개인들의 집합적 노력에 의해 구성되므로 인간 활동에 대한 연구를 위해서는 사회적 실재의 문제는 무엇이고 이를 개선하기 위한 주도적인 가치에 대해서 연구한다. 이러한 연구들에서는 개인을 제도적 억압에서 벗어나게 하려는 '자유', '평등' 등의 가치지향적 목표를 취하고 있으며, 사회구조에 대한 조망을 기저에 갖고 있기 때문에 기술적 차원에서 질적인 방법을 사용하게 된다.

둘째, 인식론적 차원에서 방법론의 구분은 '사회현상을 어떻게 접근할 것인가'라는 문제에 대해, 사회현상은 자연현상과 같은 방법에 의해 연구될 수 있다는 주장과 인간의 주관이 개입하여 행위자들이 주관적으로 의도한 행위의 의미를 이해하여 인과론적으로 연결하려는 주장으로 나뉜다. 전자의 주장에 의하면 사회적 사실은 자연적 객체와 동일하기 때문에 개개의 개체가 지니는 특성으로부터 객관화할 수 있다는 Durkheim의 주장에 근거한다. 따라서 기술적인 차원에서 양적인 방법을 활용하여 변인 각각이 사회적 상황에 대해 자유롭고 일반적인 법칙의 정립이 가능하다고 본다(Durkheim, 1983; 채선희, 1996: 284 재인용). 반대로 후자에서는 칸트가 주장한 인간의 자유의지에 주목하는 방법론적 이원론의 입장에서 사회현상은 자연현상과 달리 인간의 주관이 개입되어 있어서 일반적 법칙의 정립은 무의미하기 때문에 행위자들의 행위에 대해 인과론적으로 연결하려는 Weber의 주장에 근거하고 있으며, 이러한 입장을 취하는 연구자들은 질적 방법을 활용하고 있다.

본 연구에서는 '초등학교장의 다문화교육에 관한 인식'과 '초등학교장의 다문화교육에 관한 경험'이라는 두 가지 연구문제를 설정하였고, 이에 각각의 연구주제와 접근방법에 따라 논의를 하면 다음과 같다.

먼저 '초등학교장의 다문화교육에 관한 인식'에 대해서는 규범적 차원에서 다문화교육에 대한 초등학교장의 인식이란 인간의지에 의해 구성되는 과정의 차원이 아닌 결과적으로 나타나서 존재하는 것이고, 인식론적 차원에서 초등학교장 개개인이 가진 특성이 다르기 때문에 변인을 통제하여 객관화할 수 있는 양적 연구 접근방법이 필요하다.

다음으로 '초등학교장의 다문화교육에 관한 경험'에 관해서는 본 연구자가 현직 초등학교장인 것과 관련이 있는데, 규범적 차원에서 학교장의 경험에 따른 판단은 학교의 운영과 연결되기 때문에 교육적으로 평등의 가치를 지향하고 이를 위해 사회구조에 대한 조망이 필요하며, 또한 인식론적 차원에서 초등학교장의 행위에 대한 인과적인 설명이 가능하기 때문에 질적 연구 접근방법을 사용하게 되었다.

양적 연구는 객관적으로 변인간의 인과관계를 파악하여 그 결과를 수량으로 제시하고, 질적 연구는 어떤 현상이 발생하는 과정에 대해 연구자의 판단을 중시하는 것이 특징이다. 또한 양적 연구의 장점은 어떤 현상을 설명하는 데 있어 여러 변인들 사이의 중요성을 회귀분석이나 경로분석 등의 통계적 기법을 통해 숫자로서 분명하게 해주는 장점이 있는 반면, 대부분 통계적 기법이 평균적인 것에 의존하기 때문에 변인이 한쪽으로 기울 경우 보편성의 오류를 내포할 수 있는 단점이 있다. 질적 연구는 어떤 변인을 상황적 변인으로 분리시키지 않고 결합체 자체를 하나의 변인으로 간주하기 때문에 양적 방법이 지닌 문제점을 극복할 수 있고 제한된 사례들을 종합적인 관점에서 설명하는 데는 유용하지만, 사례의 수가 증가하는 경우 인과관계의 복잡성을 설명할 수 없으면 일반화나 법칙을 유도하기에는 자의적 해석의 개연성이 있기 때문에 제약이 있다는 단점을 가지고 있다. 이 두 연구방법은 연구주제·대상·목적의 설정, 자료의 수집과 분석, 결과보고 등과 같은 절차적인 측면에서는 큰 차이가 없지만, 문제를 제기하는 방식이나 접근방법에 대해 차이를 가진다. 예를 들면, 문제의 제기는 어떤 현상에 대해 얼마나 일반적인 지식을 얻고 싶은가와 얼마나 깊이 있고 세세한 지식을 얻고 싶은가에 의해 양적 연구와 질적 연구로 결정된다.

교육학은 인간의 교육활동을 그 연구대상으로 삼고 있다는 것과 인간의 학습 및 발달 등과 관련된 매우 복잡하고 미묘한 현상을 다루는 사회과학적이며 정신과학적인 특성을 동시에 지니고 있다. 그렇기 때문에 매우 유동적이고 복잡하고 미묘한 현상을 다루게 된다. 이러한 교육학 분야에 복잡한 연구문제들이 나타남에 따라 양적 연구와 질적 연구 어느 한 가지 연구방법만으로는 복잡한 현상을 해결하는 데 한계를 느끼게 되었다(성용구, 2013).

이에 복잡한 현상을 해결하기 위한 대안적 방법론으로 통합연구방법론[1]이 1980년대부터 등장하였다. 통합연구방법은 두 가지 이상의 질적 혹은 양적 방법을 이용하거나 질적과 양적 방법을 이용하는 것을 뜻하는데, 전자는 연구를 할 때 어려움이 없으나, 후자의 질적과 양적을 조합하는 것은 어려운데 이는 통합된 패러다임은 연구자가 탐구를 위해 모순적인 가정과 규칙을 이용하고 있다는 것을 의미하기 때문이다(Janice M. Morse & Linda Niehaus, 2012: 10; Greene, 2006: 93-98). 그럼에도 불구하고 통합방법적 접근을 하는 이유는 본 연구주제처럼 하나의 연구방법만을 사용하면 해결하기 힘든 연구문제나 복잡한 연구문제가 많을 때에는 통합연구방법을 사용하면 해결방법을 도출할 가능성이 높아지고, 두 가지 이상의 연구방법을 적용하면 인간의 행동과 경험을 잘 이해할 수 있기 때문이다(이현철 · 김영천 · 김경식, 2013: 22-23). 이러한 통합연구방법은 연구방법보다는 연구문제를 더 중요하게 여기며, 연구문제에 대한 답을 찾기 위해서라면 어떤 연구방법도 적용할 수 있고 다수의 연구방법을 조합해서 사용하는 것이 당연하다는 실용주의 철학이 반영되어 있기 때문이다(오수학 · 김병준, 2008: 179). 즉, 문제에 대한 해결방법에 효과적인 연구방법인 것이다.

통합연구방법에는 두 가지 유형이 있는데, 동시통합방법과 연속통합방법이다. 동시통합방법은 질적 + 질적, 질적 + 양적, 양적 + 양적, 양적 + 질적 형태로 세부적으로 나뉘고, 연속통합방법은 질적 → 질적, 질적 → 양적, 양적 → 양적, 양적 → 질적의 형태로 구분한다. 여기서 부호 '+'는 핵심연구와 보완연구의 동시적 수행을 의미하고, '→'는 핵심연구와 보완연구의 연속적 수행 순서를 의미한다(Janice M. Morse & Linda Niehaus, 2012: 31).

---

1) 통합연구방법은 연구자에 따라 혹은 역자에 따라 통합연구방법, 통합방법연구, 혼합방법으로 나뉘지만, 본 연구에서는 용어의 혼란을 피하기 위해 통합연구방법이라는 용어를 사용한다.

이러한 통합연구방법을 활용하는 박사학위논문과 국내학술지를 대상으로
선행연구를 분석한 결과, 교육학(전지영, 2014; 최희정, 2013; 이정금, 2013; 성용구, 2013; 이현철, 2013; 이자형, 2012; 이인경, 2012; 이원석, 2011; 김영천·김경식·이현철, 2011; 김성천·신철균, 2011; 박선형, 2010; 윤지형, 2008; 조재식·허창수·김영천, 2006; 김미숙, 2006; 채선희, 1996), 사회복지학(육혜련, 2013; 김미옥, 2011; 이현주, 2010; 황윤세, 2009; 최명민, 2007), 여가학(송성섭·김민규, 2013; 김민규·박수정, 2011; 윤채빈·박수정, 2010; 정규수·지민준·김지영, 2005), 행정학(김호흥, 2013; 김경은, 2013; 심준섭, 2009; 강민아·손주연·김희정, 2007; 임형백·정지웅, 1998), 경영학(변종수, 2013)으로
나타났다. 이는 교육학뿐만 아니라 다양한 학문분야에서 시도되는 연구방법이고,
또한 교육, 사회, 행정, 경영, 여가 등의 여러 분야에 걸쳐 복잡한 사회현상이 발생
하는 것을 알 수 있다.

2.
연구모형

　　초등학교장의 다문화교육에 관한 인식 및 정책 실천에 관한 연구로 연구문제
의 해결을 위해 통합연구방법 모형 중 질적 연구 중심의 Morse 모형을 활용하였다.

　　통합연구방법 모형에서 양적 연구를 실시한 후 질적 연구를 수행하는 연구
방법 모형으로는 질적 연구 중심의 Morse 모형, Creswell & Plano Clark의 설명설
계(explanatory)가 있다. 첫째, 질적 연구 중심의 Morse 모형이란 질적 연구의 목적 표
집, 심층면담, 자료수집의 사전 연구활동으로서 양적 연구를 수행하는 모형이고,
둘째 Creswell & Plano Clark의 설명설계(explanatory) 모형은 두 단계로 구분하여 1
단계에서 양적 자료를 수집하고 2단계에서 1단계 수집 자료를 설명해 줄 수 있는
질적 자료를 활용하는 설계 모형이다(이현철 · 김영천 · 김경식, 2013: 58-69).

　　Morse 모형과 Creswell & Plano Clark의 설명설계(explanatory) 모형은 양적 연구
방법이 선행되고 질적 연구방법이 후행되는 유사한 절차를 취하지만, 설명설계모
형은 양적 연구를 선행하고 질적 연구를 후행하는 통합연구모형이고, Morse 모형
은 질적 연구를 중심에 둔 통합연구모형이라는 데 근본적 차이를 지닌다. 이는 본
연구의 결과가 초등학교장의 인식조사의 결과를 내는 것보다 인식조사를 기반으

로 심층면담의 결과를 통해 해결방안을 제시하는 연구라는 점에서 질적 연구 중심의 연구를 지향하고 있다는 의미이다.

질적 연구 중심의 Morse 모형에 따라 다음 [그림 5-1]과 같이 연구모형을 고안하였다.

본 연구는 질적 연구 중심 연속통합방법연구로 질적 연구의 목적 표집, 심층면담, 자료수집의 사전 연구활동으로서 양적 연구를 수행하는 모형이다. 이에 본 연구에서는 목적 표집, 심층면담, 자료수집의 사전 연구활동으로 학교장의 일반적인 배경, 다문화적 인식에 대한 노력, 다문화교육의 필요성, 다문화교육의 목표, 다문화교육의 문제점, 다문화교육의 활성화 방안에 대해 양적 연구를 실시하였다. 이를 바탕으로 다문화교육기반 구축, 다문화가정 학생 맞춤형 교육 지원, 다문화가정 학부모의 교육역량 강화, 다문화 이해 제고 및 확산에 대해 심층면담을

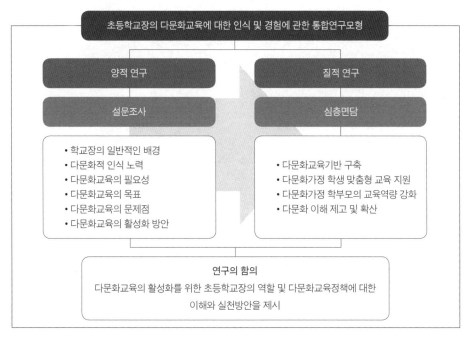

[그림 5-1] 초등학교장의 다문화교육에 대한 인식 및 경험에 관한 통합연구모형

실시하였으며, 최종적으로 다문화교육의 활성화를 위한 초등학교장의 역할과 다
문화교육정책에 대한 이해와 실천방안을 제시하였다.

3.
자료수집

　본 양적 연구의 연구문제인 '초등학교장은 다문화를 어떻게 인식하고 있는가?'라는 연구문제의 해결을 위한 양적 자료 수집은 인천광역시교육청 관할의 초등학교 현장에 재직 중인 초등학교장을 대상으로 설문조사를 실시하였다.

　자료 수집은 2012년 6월부터 2013년 1월까지 3차에 걸쳐 212부의 설문지를 배포하고 회수하였으며, 1차 배부는 2012년 6월 관리자 다문화교육 직무연수 시에 80부를 배포 · 회수하였으며, 2차 배부는 지구별 학교장 모임을 통해 이루어졌으며 네 번에 걸쳐 100부를 회수하였다. 3차 배부는 개별적으로 학교장들을 만나 32부를 직접 배포하고 회수하였다. 그러나 회수된 212부의 설문지 중 8부는 데이터의 진정성을 고려하여 불성실한 응답지 7부를 제외하고 205부의 응답지를 자료수집의 결과물로 산정하였다.

　설문지는 학교장의 일반적인 배경, 다문화적 인식 노력, 다문화교육의 필요성, 다문화교육의 목표, 다문화교육의 문제점, 다문화교육의 활성화 방안, 이상 일곱 가지 세부항목으로 구성하였다. 먼저 다문화적 인식 노력에 대한 문항은 박여울(2010)과 이진아(2008) 및 김아영(2006)의 선행 연구를 참고하였고, 다문화교육의

필요성에 대한 문항과 다문화교육의 목표는 이기영 · 최성열 · 장성화 · 신성철
(2010)의 선행 연구를 참고하였으며, 다문화교육의 문제점과 다문화교육의 활성화
방안에는 윤태영 · 이은희(2011)의 선행 연구를 참고하였다. 이를 통해 46개의 설
문 문항과 다문화가정 자녀가 있는지, 다문화교육이 무엇이라고 생각하는지, 현
재 학교에서 다문화교육 프로그램을 운영하고 있는지, 학교에서 다문화교육을 성
공적으로 수행하기 위해 필요한 것은 무엇인지에 관한 4개의 개방형 질문으로 본
조사 대상에 맞게 연구자가 수정한 총 50문항의 문제로 구성하였다.

다음 〈표 5-1〉은 다문화교육에 대한 학교장의 인식이 어떠한지를 알아보기
위한 설문지 구성이다.

〈표 5-1〉 다문화교육에 대한 학교장의 인식 조사를 위한 설문지 구성

영 역	내 용	문항수
학교장의 일반적인 배경	성별, 나이, 학력, 학부전공, 경력, 학교규모, 다문화 관련 학교 운영 형태	7
다문화적 인식 개인적 노력	모든 인간은 피부색, 성별에 관계 없이 평등해야 한다.	10
	모든 나라 문화에 대해 수용하고 존중하려고 노력한다.	
	우리 문화에 대한 자긍심과 정체성 확립에 힘쓴다.	
	이주노동자, 결혼이민자, 새터민과 같은 사람들에 대하여 관심을 갖고 있다.	
	국제 결혼이나, 이주에 대하여 긍정적으로 생각한다.	
	외국인이 어려움을 당할 때 적극적으로 도와주는 편이다.	
	낯선 문화에 대해 수용적인 자세를 가지는 편이다.	
	외국인을 대할 때 선입견을 가지고 대하는 편이다.	
	국제적 사건의 중요성을 인지하고 적극 관심을 갖는다.	
	다른 문화에 대한 편견과 고정관념을 갖지 않기 위해 노력한다.	
다문화교육 필요성 인식	민족에 대한 긍정적인 정체감을 발달시키기 위해 필요하다.	6
	세계화 시대에 필요한 융통성과 개방성을 가진 유능한 인재를 양성하기 위해 필요하다.	
	통찰력을 키워 자신의 정체성을 명확히 구성하기 위해 필요하다.	
	다른 문화를 존중할 수 있는 마음을 기르기 위해 필요하다.	
	인종, 성, 사회적 지위, 장애와 관련 없이 모두 평등함을 알게 해주기 위해 필요하다.	
	다문화교육은 학교 공동체의 성장과 긍정적 정체성 형성에 유익을 줄 것이다.	

영 역	내 용	문항수
다문화교육 목표 인식	다른 나라와 민족, 인종, 성, 종교에 관한 개념을 안다.	6
	성공적인 세계 시민으로 필요한 개방성과 융통성을 길러 준다.	
	인간은 인종, 성, 장애, 종교, 사회적 지위 등에 관계없이 평등함을 알게 한다.	
	공동체 속에서 서로를 존중하고 협동하는 역할을 해야 함을 알게 한다.	
	문화적 다양성과 공통성을 긍정적으로 경험하게 한다.	
	자기 존중과 다른 인종에 대해 배려하는 태도로 합리적인 사고를 길러 준다.	
다문화교육 문제점 인식	한국 상황에 맞는 다문화교육 프로그램이 부족하다.	6
	다문화교육에 대한 지식이나 이해가 부족하다.	
	다른 민족, 인종, 문화에 대한 편견, 고정 관념이 있다.	
	다문화교육에 대한 논의가 부족하다.	
	다른 문화에 대해 배타적 성향이 있다.	
	다문화교육에 대한 교장의 인식이 부족하다.	
다문화교육 활성화 방안	문화적 편견 해소를 위한 다문화 체험활동을 지원한다.	11
	지역사회와 연계한 다문화교육 프로그램을 지원한다.	
	복지관과 연계한 다문화교육 프로그램을 지원한다.	
	다문화 배경을 가진 자녀에 대한 언어 교육을 실시한다.	
	다문화 배경을 가진 가정에 한국어 교육, 문화를 소양한다.	
	다문화 배경을 가진 부모를 위한 교육을 실시한다.	
	다문화교육에 대한 문화의 다양성을 인정하는 분위기를 조성한다.	
	다문화교육에 대한 인식 전환을 위한 프로그램 개발에 노력한다.	
	다문화교육에 대한 국가, 지역사회의 정책적, 재정적 지원을 한다.	
	다문화교육을 위한 교사 연수 및 교육 경험의 기회를 제공한다.	
	다문화교육 내용에 대한 교육 현장을 이해한다.	
프로그램 운영 및 성공적인 방안	학교에 다문화인(이주노동자, 결혼이주자, 새터민 등)이 있습니까?	4
	다문화교육이 무엇이라고 생각하십니까?	
	현재 근무하고 있는 학교에서 다문화교육 프로그램을 운영하신다면 짧게 소개해 주시기 바랍니다.	
	학교에서 다문화교육을 성공적으로 수행하기 위해 필요한 것은 무엇일까요?	
총 문항 수		50

질적 연구의 연구문제인 '초등학교장의 다문화교육에 관한 실천 경험이 어떠한가?'라는 문제해결을 위한 질적 자료 수집은 인천광역시교육청에서 제시한 다문화정책의 기본 계획의 실천에 대한 심층면담을 실시하였다.

심층면담은 다문화교육 기반 구축, 다문화가정 학생 맞춤형 교육 지원, 다문화가정 학부모의 교육역량 강화, 다문화 이해 제고 및 확산, 이 외에 귀교에서 추진하는 사업, 이상 총 다섯 가지 영역으로 구성하였으며, 이에 대한 질문 영역 구성은 다음 〈표 5-2〉와 같다.

〈표 5-2〉 심층면담 질문 내용 구성

질문 내용
다문화교육 기반 구축
다문화가정 학생 맞춤형 교육 지원
다문화가정 학부모의 교육역량 강화
다문화 이해 제고 및 확산
이 외에 귀교에서 추진하는 사업

심층면담[2]은 정보 제공자에게 질문을 던져 그들의 생각을 도출해 내는 방법으로 구술문화적 특징이 있는 방법론이다. 초등학교 학교장의 다문화교육 인식에 관한 연구는 지금까지 이루어지지 않았으므로 설문지를 통한 연구와 함께 이미 현장에서 다문화학교 중심·연구학교를 운영하고 있는 학교장의 의견을 조사하는 것은 중요한 의미를 가진다. 그러나 심층면담은 구술자의 주관적인 해석이 포함될 수 있어 다음 절차를 따라 진행하였다.

---

[2] 심층면담은 사회과학 연구 방법 중 질적 연구 방법에 속한다. 질적 연구에서 자료 수집은 주로 현장 참여, 직접 관찰, 심층면접, 문헌 검토 등을 통해 이루어진다. 질적 연구는 얼마나 잘, 얼마나 많이, 얼마나 정확히, 무엇이 이루어지고 있는가를 모토로 하는 양적 연구와 달리 특정한 상황이나 장면 아래에서 무슨 일이 일어나고 있는지에 대하여 전체적인 모습을 파악하고자 할 때 사용하는 연구 방법이다. 본 연구에서는 소수의 사람을 대상으로 특정 활동이나 상황의 상세한 면을 설명하려는 목적을 지닌 질적 연구 방법 특히 심층면접을 통해 자료를 수집하고자 한 것은 현장 체험에 대한 질적 차원의 국면들이 이 연구의 근거 자료로 요구되기 때문에 수량화된 데이터보다는 구두 혹은 문자로 표현된 체험적 진술들을 주요한 자료로서 다루었다.

첫째, 인천광역시 다문화교육정책의 내용이다. 다문화교육의 정책은 4개의 사업 영역으로 나누며, 세부적인 사업 내용은 30개의 항목으로 구분된다. 둘째, 연구와 관련하여 인터뷰를 진행함에 있어 인터뷰 질문 내용을 명확히 선정한다. 셋째, 인터뷰 실시이다. 이는 응답자의 대답을 듣는 과정이다. 면담 시에는 녹취의 방법을 사용하여 연구 내용에서 필요한 자료를 문자화하였다. 넷째, 인터뷰한 내용을 연구 목적에 맞게 파악하고 다문화교육정책의 이행으로 분석이다. 다섯째, 다문화교육정책의 활성화를 위하여 정책 이행과 지원방안을 구안하는 순서로 진행된다.

심층면담은 다음과 같이 세 가지 방법으로 구분할 수 있다.

첫째, 구조화된 면담은 연구자가 미리 준비한 질문을 모든 응답자에게 동일하게 질문하는 것이다. 이 방법은 질문 내용이나 인터뷰 진행 방법이 구조화되어 있기 때문에 유연성이 없어 감정적 측면을 간과할 수 있지만, 합리적 대답을 이끌어낼 수 있다는 장점이 있다.

둘째, 반구조화된 면담[3]은 연구자가 질문 사항을 머릿속에 간직한 채 질문과 답변의 형태가 아닌 대화 형식으로 면담을 진행하는 것이다. 이 방법은 사회구성원들의 복잡한 행동을 이해하려고 할 때 사용하는 방법이다.

셋째, 그룹 면담은 집단 의견을 수집할 목적으로 토론하는 방법을 말한다.

본 연구에서는 구조화된 면담과 질문 그리고 답변의 행태가 아닌 대화식의 면담 진행 방식인 반구조화된 인터뷰를 함께 사용하였다. 그 이유는 학교장이 경험한 의견 수렴을 통해 자료를 얻는 것이 효과적이라고 생각되었기 때문이다.

연구 참여자의 특징을 보면 〈표 5-3〉과 같이 50대 3명, 60대 1명이었다. 연구 참여자 A는 다문화 중심학교 운영을 통해 학교 교육과정과 연계한 다문화 이해 교육을 실시함으로서 교사 및 모든 학생이 다른 문화를 존중하고 이해하는 사회 환경을 조성하는 데 노력하고 있다. 연구 참여자 B는 여성으로서 다문화 중심학

---

3) 구조화된 면담처럼 면담지를 구성하여 질문하는 가운데 응답에 따라 더 깊이 파고 들어가야 할 부분에 대하여 보충적인 질문을 하는 방식이다.

<표 5-3> 연구 참여자 개요

성별	학교구분	직위	교직경력	교장경력	응답코드	다문화 관련 직무연수(유, 무)
남	A초등학교	교장	40	4	A학교장	유
여	B초등학교	교장	38	2	B학교장	유
남	C초등학교	교장	37	2	C학교장	유
남	D초등학교	교장	39	3	D학교장	유

교 교장으로 활동하고 있으며, 기존 세대가 가지고 있는 인종 및 문화, 경제적 가치 등에 따른 차별과 편견을 극복하고 모두가 차별을 넘어 함께 공존하는 어울림 세상을 만드는 데 기여하고 있다. 연구 참여자 C는 다문화가정의 학생들이 대한민국 국민으로서 생각하고 이질감을 갖지 않도록 하기 위해 이들에게 한국어와 한국 문화를 잘 익히도록 하고 부모의 문화 또한 인정을 해주어 자존감을 갖고 학교생활을 할 수 있도록 노력하고 있다. 연구 참여자 D는 학교 현장에 있는 학생, 교사, 학부모 등 학교 구성원의 다문화가정에 대한 편견을 감소시키도록 하는 다양한 연수 활동을 통하여 다문화교육에 대한 긍정적 인식을 고취시키는 데 앞장서고 있다.

인천 지역에 있는 서부지역으로 연구 대상을 선정한 이유는 다문화가정의 학생 수가 비교적 많고, 서부교육청 산하 벨트형 다문화교육 중심학교 조직에서 서부-1, 서부-2, 서부-3, 서부-5 지역의 중심·연구학교로 지정되어 다문화가정 학생의 학교생활 적응력 향상 및 공동체 문화 형성에 선도적 역할을 하고 있기 때문이다. 심층면담 대상자는 중심학교를 운영하는 학교장 2명이고, 연구학교를 운

<표 5-4> 학교장 인터뷰 진행 일자

연구 참여자 구분	날짜	인터뷰 시간	장소
A학교장	2012. 10. 25	14: 00~15: 30(90분)	교장실
B학교장	2013. 11. 25	14: 00~15: 00(60분)	교장실
C학교장	2013. 10. 23	15: 30~16: 30(120분)	교장실
D학교장	2013. 11. 05	10: 00~11: 30(90분)	교장실

영하는 학교장 2명이다.

　〈표 5-4〉에서 나타난 것과 같이 학교 현장에서 이루어진 다문화교육에 대한 인터뷰 소요 시간은 60분에서 90분이었다. 인터뷰는 녹음기와 현장 메모 등을 사용하여 내용을 전사하였으며, 추가 질문 등의 경우 전화조사로 이루어졌다.

4.
자료분석

양적 연구 자료에 대한 분석은 유효한 설문지 205부를 대상으로 SPSS ver.20 프로그램을 활용하여 분석하였으며, 세부 주제별 다문화교육 인식에 대한 차이를 살펴보고자 ANOVA와 t-TEST를 실시한 결과이며, 두 집단의 비교는 independent t-test, 두 집단의 비교는 One-way ANOVA를 사용하였다. ANOVA의 사후분석은 Duncan(1983)의 방법을 이용하였다. 모든 분석의 유의수준은 0.05로 하였다.

인구통계학적 특성에 대한 차이 가운데 평균과 표준편차를 사용한 분석은 다음과 같다. 평균과 표준편차는 인구통계학적 특성 일곱 가지 항목인 성별, 나이(40대, 50대, 60대), 학력(학사, 석사, 박사), 학부 전공(교육대, 일반대), 경력(20년, 30년, 40년), 초등학교 규모(100명, 200명, 300명, 500명, 1,000명, 1,000명 이상), 다문화학교 관련 학교 운영(대안학교, 연구학교, 중심학교, 일반 학교)에 대하여 사용하였다.

평균과 표준편차를 사용하여 분석한 후 인식에 차이가 있는지 알아보기 위해 T-test[4]를 실시하여, 인구 통계학적 특성 가운데 학부 전공(교육대, 일반대), 학력(학사, 석사, 박사), 경력(20년, 30년, 40년), 연령(50대, 60대), 학교 규모(100명, 200명, 300명, 500명,

---

4) 두 집단 또는 상관적인 표본의 평균치가 동일 모집단에서 추출되었는지를 검증하는 모수치 통계기법이다.

1,000명, 1,000명 이상), 다문화 관련 학교 운영(대안학교, 연구학교, 중심학교, 일반 학교)에 대하여 실시하였다.

　　또한 개방형 설문문항에 대해서는 다문화교육의 내용인 '다문화적 인식 노력, 다문화교육의 필요성, 다문화교육의 목표, 다문화교육의 문제점, 다문화교육의 활성화 방안'에 관한 학교장의 다문화교육에 대한 인식에 대하여 인식 및 태도에 대하여 분석하였다.

　　질적 자료에 대한 분석을 위해서 인터뷰 자료는 모두 녹음하고 이를 전사하였고, 인터뷰한 자료의 주요 내용은 크게 다문화교육의 목표 및 성격에 대한 이해, 다문화교육 운영과정에서의 어려움을 중심으로 분석하였다. 학교장과 인터뷰를 통해 도출된 내용들을 1차적으로 전사하였으며, 2차적으로 기술하고 해석하였으며, 3차적으로 이에 대한 주요 항목을 추출하여 목록화하였으며, 4차적으로 주요 항목들에 대하여 주장을 뒷받침할 이론과 연계하여 제시하였다.

5.
연구의 신뢰도와 타당성

연구의 설문 문항은 10년 이상의 교편 경험과 다문화교육 관련 학과 박사과정 이상의 위치에 있는 다문화교육 분야 전문가 7명에게 의견을 듣고 연구에 부적절한 내용을 수정하는 과정을 통해 타당성을 검토받고자 하였다. 또한 본 연구의 설문조사에서 사용된 항목이나 척도가 측정하고자 하는 대상을 정확하게 측정하고 있는지 그 측정 결과가 추가적인 통계적 분석을 진행하기에 적합한 것인지를 확인하기 위하여 초등학교 학교장의 '다문화적 인식 노력', '다문화교육 필요성', '다문화교육 목표', '다문화교육 문제점', '다문화교육 활성화 방안'에 대한 신뢰도 분석을 실시하였다. 그 결과는 〈표 5-5〉와 같으며, 내적 일관성을 나타내는 Cronbach Alpha 계수는 .839에서 .950로 매우 높게 나타나 수용 가능한 것으로 판단된다.

질적 연구의 신뢰도 및 타당성을 위해서는 삼각법, 전문가 협의, 연구 참여자의 검토의 방법을 사용하였다. 삼각법이란 연구 자료를 해석하는 데 있어서 둘 이상의 연구진으로 구성함으로써 한 사람이 가질 수 있는 편견을 지양하고 다양한 연구 관점들을 고려하기 위해 사용되는 방법이다. 본 연구에서는 4인을 대상으로

설문 내용	평균	Cronbach Alpha 계수	
다문화적 인식 노력	4.23	.839	
다문화교육 필요성	4.47	.918	
다문화교육 목표	4.44	.940	.927
다문화교육 문제점	3.27	.840	
다문화교육 활성화 방안	4.03	.950	

한 심층면담, 심층면담을 위한 양적 연구 조사의 결과, 관련 문헌 등을 다양한 자료수집 방법을 통해 정해진 관점에 대한 포괄적인 이해와 연구자의 오류를 줄임으로써 내적 타당도를 높였다.

전문가 협의란 연구자로 하여금 연구의 전 과정에 걸쳐 정직성을 유지할 수 있기 위한 것으로 연구자가 오류나 편견에 빠지지 않게 하는 방법이다. 본 연구가 진행되는 동안 연구결과를 해석하는 과정에서 10년 이상의 교편 경험과 다문화교육 관련 학과 박사과정 이상의 위치에 있는 다문화교육 분야 전문가 7명과 연구 설계의 시작부터 지속적으로 협의를 하였다.

응답자의 타당도 확인방법이라고 불리는 연구 참여자의 검토란 연구자가 발견한 것에 대한 응답자의 피드백을 구하는 사회과학적인 용어로서 연구자가 발견한 것을 증명하는 중요한 절차이다. 연구 참여자의 검토는 수집된 자료로부터 연구자가 임의로 분석하고 해석한 결과를 연구 참여자에게 다시 되돌려주어 타당성을 확인받는 과정이다. 이에 본 연구에서는 연구 참여자 전원에게 전사내용과 응답에 대한 분석 및 해석결과를 되돌려 보내서 도출된 결과의 타당성을 확인해 주도록 검증과정을 거쳤다.

6.
연구의 윤리성

    연구 윤리는 연구자가 어떠한 방법론을 선택하였는지에 관계없이 반드시 숙지하고 준수해야 하는 부분이다. 질적 연구는 전문직의 윤리와 연구상의 윤리를 모두 고려해야 한다. 질적 연구에서의 객관성은 경험적 실체에 이를 가장 잘 설명해 온 기존의 학문적 견해를 전면적으로 반박하기보다는 보완함으로써 확보된다. 그리고 질적 연구의 객관성은 신뢰도와 타당도를 확보함으로써 인정을 받을 수 있다.

    Guba & Lincoln(1994)의 이론을 바탕으로 연구의 신빙성, 전이 가능성, 확실성, 확증성을 질적 연구의 연구윤리 기준으로 제시하였다. 본 연구는 이러한 네 가지의 기준에 근거하여 연구를 진행함으로써 연구의 엄격성을 높이고자 하였다.

    첫째, 연구의 신빙성을 높이기 위하여 '설문조사' 수행 시 사실적 가치로 면담 질문지를 미리 연구 참여자에게 주지 않고 면담을 실시하였으며 또한 설문조사 수행 시 의도적으로 강요하지 않았으며, 개별적 또는 집단적으로 동의를 받아서 진행하였다. 또한 설문조사 수행 시 설문 대상자에게 주관적인 통계분석 값이 나올 수 있도록 항목 체크를 의도적으로 유도하지 않았다. 면담 후 인터뷰 전사 자료는 연구 참여자에게 이메일로 확인받는 과정을 거쳤다. 통계분석 방법의 절차에 따라 진행하였으며, 데이터 분석 시 임의로 데이터를 조작하지 않았다.

둘째, 전이 가능성의 확보를 위하여 '전문가 인터뷰' 수행 시 의도적으로 질문을 유도하거나 연구자가 임의로 질문에 답변하지 않은 내용을 논문에 반영하지 않았다. 전문가 인터뷰 진행 시 학문적 연구 이외의 다른 목적으로 사용되지 않음을 확인하고 인터뷰를 진행하였으며, 이름은 가명으로 처리하였다.

셋째, 확실성을 위하여 본 연구에서는 자료 수집의 단계에서 분석의 단계까지 연구 참여자를 통한 재확인의 작업을 반복하였다. 연구 참여자들은 인천 지역 초등학교의 다문화 중심·연구학교의 학교장이다. 선정된 4명의 연구 참여자들에게는 동의서의 형식을 통해 연구 참여에 대한 동의를 허락받았다.

연구 참여 동의서에는 연구에 대한 간략한 절차를 소개하고, 연구 참여의 자발적 참여 기회 보장, 연구 참여 철회 시에 어떠한 제재나 불이익이 미치지 않을 것임을 약속하였다. 심층면담 전에는 면담의 목적과 면담 내용, 면담에 소요되는 시간과 대화 내용 녹음에 관해 충분한 설명과 양해를 구하였다.

넷째, 자료의 객관적인 확증성의 확보를 위하여 수집된 자료 수집과 분석의 과정을 기록하였다. 연구 참여자의 인터뷰 내용은 전사 자료로 정리하였다.

다문화교육에 있어서의 주체는 교사와 정부 그리고 학부모의 역할도 중요시되지만, 자료수집에 있어 또 다른 교육의 주체인 교사 집단과 정부정책 관련 기관 그리고 학부모 집단이 포함되지 못했다. 따라서 본 연구는 다문화가정의 학생과 일반 학생들의 입장을 대변할 수 없는 제한점을 지니며, 인터뷰 대상자도 4명으로 선정되어 다문화 중심·연구학교를 운영하는 학교장들의 입장을 일반화시킬 수 없는 한계점을 지닌다.

VI

학교 경영자의 다문화교육 인식

이 장에서는 학교에서 실제적으로 교육을 책임지고 있는 학교 경영자들의 다문화교육에 대한 필요성, 목표, 문제점, 활성화 방안에 대한 인식 등을 구체적으로 살펴보고자 한다. 초등학교에서 다문화교육을 어떻게 교육으로 연계하여 가르쳐야 하는지에 관한 기초 자료를 제공함으로써 학교장을 대상으로 한 설문지 조사를 토대로 학교장의 다문화교육 전반에 관한 인식 실태를 분석하고 대안을 마련하고자 한다.

1.
조사 개요

　본 조사는 현재 인천광역시에 재직 중인 초등학교 학교장을 대상으로 총 212부의 설문지를 배포·회수한 결과를 토대로 작성하였다. 2012년 6월부터 2013년 1월까지 3차에 걸쳐 설문지를 배포하고 수거하였다. 1차 배부는 2012년 6월 관리자 다문화교육 직무 연수 시에 80부를 배포·회수하였으며, 2차 배부는 네 차례의 지구별 학교장 모임들을 통해 이루어졌으며 100부를 회수하였다. 3차 배부는 개별적으로 학교장들을 만나 32부를 직접 배포하고 회수하였다. 이와 같은 과정을 거쳐 총 212부의 설문지를 회수하였고, 이 중 7부의 불성실한 응답을 제외한 205부의 설문 응답지를 연구의 분석 자료로 사용하였다.

2.
설문 응답자의 인구통계학적 특성

    설문 응답자의 인구통계학적 특성을 분석한 결과는 〈표 6-1〉과 같이 나타났다. 우선 조사대상자들의 성별 분포는 남성이 177명(86.3%), 여성이 28명(13.7%)으로 남성과 여성의 비율은 약 9:1 정도로 나타났다. 응답자들의 연령 분포 분석 결과로 40대는 없었고, 50대는 162명으로 79.0%, 60대는 43명으로 21.0%로 주로 50~60대가 많은 것으로 조사되었다.

    응답자들의 학력별 분포를 보면, 최종학력은 학사학위 소지자가 28명(13.7%), 석사학위 소지자가 165명(80.5%), 박사학위 소지자가 12명(5.9%)으로 나타나, 응답자들의 학력은 주로 석사학위 소지자 이상으로 조사되었다. 학부 전공을 분석한 결과, 교육대학교 출신이 177명이고 일반 대학교 출신이 28명으로 교육대학교와 일반 대학교의 비율은 86.3%와 13.7%의 비율을 보였다. 또한 응답자들의 교직 경력에 대한 분포로 응답지를 분석한 결과, 20년 1명, 30년 164명, 40년 40명으로 나타나 교육경력이 가장 짧은 응답자는 20년이고 가장 긴 응답자는 40년으로, 전체 응답자의 99% 이상이 30년 이상의 풍부한 교육 경력을 가지고 있었다. 응답자들이 운영하는 초등학교의 학생 규모에 대한 분포로 100명 이내는 13.2%, 200명

<표 6-1> 설문 응답자의 인구통계학적 특성

구분		사례 수(명)	비율(%)
성별	남성	177	86.3
	여성	28	13.7
연령	50대	162	79.0
	60대	43	21.0
학력	학사	28	13.7
	석사	165	80.5
	박사	12	5.9
학부 전공	일반대	28	13.7
	교육대	177	86.3
교직 경력	20년대	1	0.5
	30년대	164	80.0
	40년대	40	19.5
학교 규모	100명 이내	27	13.2
	200명 이내	8	3.9
	300명 이내	8	3.9
	500명 이내	21	10.2
	1,000명 이내	90	43.9
	1,000명 이상	51	24.9
학교 운영	중심학교	17	8.3
	연구학교	7	3.4
	해당 없음	181	88.3
Total		205	100.0

이내와 300명 이내는 각각 3.9%로 나타났고, 500명 이내는 10.2%, 1,000명 이내는 43.9%, 1,000명 이상인 초등학교를 운영하는 응답자들은 24.9%로 나타났다. 분석 결과, 응답자들의 과반수는 1,000명 이내의 학생 수를 가진 초등학교 학교장으로 나타났다. 마지막으로 다문화 관련 학교 운영 분포에 대한 조사 결과, 중심

학교 17명, 연구학교 7명, 일반 학교(해당없음) 181명으로 응답자의 88.3%가 일반 초등학교 학교장인 것으로 나타났다.

1) 인구통계학적 특성에 따른 다문화교육에 대한 인식 차이

다문화교육에 대한 인식은 다문화적 인식 노력, 다문화교육의 필요성, 다문화교육의 목표, 다문화교육의 문제점, 다문화교육의 활성화 방안, 이상 다섯 가지의 세부 주제로 구분하였고, 각 세부 주제별로 6~11개 문항으로 구성하였다. 다음은 각 인구통계학적 특성에 따른 세부 주제별 다문화교육 인식에 대한 차이를 살펴보고자 ANOVA와 t-TEST를 실시한 결과이며, 두 집단의 비교는 independent t-test, 두 집단의 비교는 One-way ANOVA를 사용하였다. ANOVA의 사후분석은 Duncan(1983)의 방법을 이용하였다. 모든 분석의 유의수준은 0.05로 하였다.

다문화교육에 대한 인식의 전체 평균 및 표준편차는 다음의 〈표 6-2〉와 같다.

본 설문조사 응답자 205명의 다문화교육 인식의 전체 평균은 4.10점으로 높게 나타났다. 가장 높은 평균을 보인 것은 '다문화교육의 필요성'(평균 4.47점)으로 나타나 응답자들은 다문화교육의 필요성에 적극적으로 동의하고 있다는 것을 알

〈표 6-2〉 전체 다문화교육 인식 평균 및 표준편차

구분	평균(인식별/전체)		표준편차
다문화적 인식 노력	4.23		.515
다문화교육의 필요성	4.47		.564
다문화교육의 목표	4.44	4.10	.605
다문화교육의 문제점	3.27		.769
다문화교육의 활성화 방안	4.03		.647

수 있다. 그 외의 나머지 네 가지 다문화교육 인식에 대해서는 '다문화교육의 목
표'(평균 4.44점), '다문화적 인식 노력'(평균 4.23점), '다문화교육의 활성화 방안'(평균
4.03점), '다문화교육의 문제점'(평균 3.27점) 순으로 나타났다.

2) 성별에 따른 다문화적 인식 차이

초등학교 학교장의 성별에 따른 다문화적 인식에 대한 평균과 표준편차는
〈표 6-3〉과 같으며, 다문화적 인식 노력, 다문화교육의 필요성, 다문화교육의 목
표, 다문화교육의 문제점, 다문화교육의 활성화 방안에 대하여 성별에 따른 인식
에 차이가 있는지 알아보기 위해 t-test를 실시하였다. 분석 결과 여성 학교장과 남
성 학교장 간에는 모든 하위 항목에 대하여 차이가 없는 것으로 나타났다(다문화적
인식 노력 t=.833, p=.687, 다문화교육의 필요성 t=-.749, p=.561, 다문화교육의 목표 t=-.080, p=.948, 다문화
교육의 문제점 t=-.948 p=.724, 다문화교육의 활성화 방안 t=-.665, p=.927).

〈표 6-3〉 성별에 따른 다문화적 인식 평균 및 표준편차

구분	성별	N	평균	표준편차
다문화적 인식 노력	남성	177	4.24	.524
	여성	28	4.15	.453
다문화교육의 필요성	남성	177	4.56	.580
	여성	28	4.54	.446
다문화교육의 목표	남성	177	4.44	.618
	여성	28	4.45	.525
다문화교육의 문제점	남성	177	3.25	.780
	여성	28	3.40	.700
다문화교육의 활성화 방안	남성	177	4.02	.651
	여성	28	4.11	.628

<표 6-4> 성별 다문화적 인식 차이 검정

구분	평균의 동일성에 대한 t-검정			
	t	자유도	유의확률(양쪽)	평균차
다문화적 인식 노력	.833	203	.687	.087
다문화교육의 필요성	-.749	203	.561	-.086
다문화교육의 목표	-.080	203	.948	-.010
다문화교육의 문제점	-.948	203	.724	-.148
다문화교육의 활성화 방안	-.665	203	.927	-.087

3) 연령에 따른 다문화적 인식 차이

초등학교 학교장의 연령에 따른 다문화 인식에 대한 평균과 표준편차는 〈표 6-5〉와 같으며, 다문화적 인식 노력, 다문화교육의 필요성, 다문화교육의 목표, 다문화교육의 문제점, 다문화교육의 활성화 방안에 대하여 연령에 따라 인식에 차이가 있는지 알아보기 위하여 t-Test를 실시하였다.[1] 학교장의 연령에 따른 다문화적 인식 노력, 다문화교육의 필요성, 다문화교육의 목표, 다문화교육의 활성화 방안에는 차이가 없는 것으로 나타났다(다문화적 인식 노력 t=.130, p=.612, 다문화교육의 필요성 t=1.046, p=.628, 다문화교육의 목표 t=1.447 p=.364, 다문화교육의 활성화 방안 t=1.988, p=.406). 그러나 다문화교육의 문제점(t=2.323, p=.030)에서는 연령별 인식의 차이가 있는 것으로 나타났다. 이에 대한 자세한 결과는 다음의 표와 같다.

〈표 6-5〉를 보면, 다문화 인식에 대한 대부분의 항목들에서 60대보다는 50대의 평균이 더 높은 수치로 나타나는 것을 확인할 수 있다. 특히 〈표 6-6〉을 통해 확인할 수 있듯이 다문화교육의 문제점에 대해서만 50대와 60대의 차이가 유

---

1) 응답자들의 연령을 조사한 결과 40대가 전혀 없었고, 50대와 60대 연령으로만 집계되어 연령에 따른 다문화 인식 차이를 조사하는 방법으로 t-test를 활용하였다.

<표 6-5> 연령대별 다문화 인식 평균 및 표준편차

	연령대	N	평균	표준편차
다문화적 인식 노력	50대	162	4.23	.486
	60대	43	4.22	.616
다문화교육의 필요성	50대	162	4.49	.528
	60대	43	4.39	.682
다문화교육의 목표	50대	162	4.48	.565
	60대	43	4.33	.731
다문화교육의 문제점	50대	162	3.33	.712
	60대	43	3.03	.927
다문화교육의 활성화 방안	50대	162	4.08	.659
	60대	43	3.86	.575

<표 6-6> 연령별 다문화 인식에 대한 차이

구분	평균의 동일성에 대한 t-검정			
	t	자유도	유의확률(양쪽)	평균차
다문화적 인식 노력	.130	203	.612	.012
다문화교육의 필요성	1.046	203	.628	.101
다문화교육의 목표	1.447	203	.364	.149
다문화교육의 문제점	2.323	203	.030	.303
다문화교육의 활성화 방안	1.988	203	.406	.219

의하게 나타남을 알 수 있는데, 이와 같은 결과는 상대적으로 연령이 낮은 학교장들이 다문화교육에 더 많은 관심을 가지고 있으며, 그들이 다문화교육의 문제점이 훨씬 더 심각하게 인식하고 있다는 것을 의미한다. 또한 이는 60대 이상의 학교장들에게 다문화교육의 문제점에 대한 인식을 변화시킬 수 있는 다양한 계기를 마련해 주어야 할 필요가 있음을 시사하고 있다.

4) 학력에 따른 다문화적 인식 차이

학력에 따른 다문화인식에 대한 평균과 표준편차는 〈표 6-7〉과 같으며, 다문화적 인식 노력, 다문화교육의 필요성, 다문화교육의 목표, 다문화교육의 문제점, 다문화교육의 활성화 방안에 대하여 학력에 따라 인식에 차이가 있는지 알아본 결과 학력에 무관하게 비슷한 인식을 가지고 있는 것을 알 수 있다(다문화적 인식 노력 F=.177, p=.838, 다문화교육의 필요성 F=1.019, p=.363, 다문화교육의 목표 F=.334, p=.716, 다문화교육의 문제점 F=2.358, p=.097, 다문화교육의 활성화 방안 F=.703, p=.496).

〈표 6-7〉 학력별 다문화 인식 평균 및 표준편차

구분	학력	N	평균	표준편차
다문화적 인식 노력	학사	28	4.17	.459
	석사	165	4.23	.531
	박사	12	4.23	.429
다문화교육의 필요성	학사	28	4.36	.511
	석사	165	4.47	.581
	박사	12	4.63	.390
다문화교육의 목표	학사	28	4.36	.571
	석사	165	4.46	.612
	박사	12	4.44	.609
다문화교육의 문제점	학사	28	3.13	.781
	석사	165	3.26	.778
	박사	12	3.69	.443
다문화교육의 활성화 방안	학사	28	3.95	.578
	석사	165	4.03	.664
	박사	12	4.22	.570

<표 6-8> 학력별 다문화 인식에 대한 차이

구분		제곱합	df	평균 제곱	F	유의확률
다문화적 인식 노력	집단 간	.094	2	.047	.177	.838
	집단 내	53.934	202	.267		
	합계	54.028	204			
다문화교육의 필요성	집단 간	.647	2	.324	1.019	.363
	집단 내	64.136	202	.318		
	합계	64.783	204			
다문화교육의 목표	집단 간	.246	2	.123	.334	.716
	집단 내	74.414	202	.368		
	합계	74.660	204			
다문화교육의 문제점	집단 간	2.755	2	1.378	2.358	.097
	집단 내	118.025	202	.584		
	합계	120.780	204			
다문화교육의 활성화 방안	집단 간	.591	2	.295	.703	.496
	집단 내	84.851	202	.420		
	합계	85.441	204			

5) 학부전공에 따른 다문화적 인식 차이

학교장의 학부에 따른 다문화 인식에 대한 평균과 표준편차는 〈표 6-9〉와 같으며, 다문화적 인식 노력, 다문화교육의 필요성, 다문화교육의 목표, 다문화교육의 문제점, 다문화교육의 활성화 방안에 대하여 학부전공별로 인식에 차이가 있는지 알아보기 위해 t-test를 실시하였다. 분석 결과 교육대를 졸업한 학교장과 일반대를 졸업한 학교장 간에는 모든 하위 항목에 대하여 차이가 없는 것으로 나타났다(다문화적 인식 노력 t=-.122, p=.804, 다문화교육의 필요성 t=.508, p=.137, 다문화교육의 목표 t=.695, p=.405, 다문화교육의 문제점 t=1.169, p=.363, 다문화교육의 활성화 방안 t=.636, p=.078).

<표 6-9> 학부전공에 따른 다문화 인식 평균 및 표준편차

구분	학부	N	평균	표준편차
다문화적 인식 노력	일반대	28	4.21	.449
	교육대	177	4.23	.525
다문화교육의 필요성	일반대	28	4.52	.401
	교육대	177	4.46	.586
다문화교육의 목표	일반대	28	4.52	.493
	교육대	177	4.43	.621
다문화교육의 문제점	일반대	28	3.43	.619
	교육대	177	3.25	.789
다문화교육의 활성화 방안	일반대	28	4.10	.494
	교육대	177	4.02	.669

<표 6-10> 학부전공별 다문화 인식 차이 검정

구분	평균의 동일성에 대한 t-검정			
	t	자유도	유의확률(양쪽)	평균차
다문화적 인식 노력	-.122	203	.804	-.013
다문화교육의 필요성	.508	203	.137	.058
다문화교육의 목표	.695	203	.405	.086
다문화교육의 문제점	1.169	203	.363	.183
다문화교육의 활성화 방안	.636	203	.078	.084

6) 경력에 따른 다문화적 인식 차이

경력에 따른 다문화 인식에 대한 평균과 표준편차는 〈표 6-11〉과 같으며, 다문화적 인식 노력, 다문화교육의 필요성, 다문화교육의 목표, 다문화교육의 문제

<표 6-11> 경력별 다문화 인식 평균 및 표준편차

구분	경력	N	평균	표준편차
다문화적 인식 노력	20년	1	3.90	.
	30년	164	4.21	.533
	40년	40	4.30	.434
다문화교육의 필요성	20년	1	3.83	.
	30년	164	4.47	.591
	40년	40	4.49	.438
다문화교육의 목표	20년	1	3.33	
	30년	164	4.46	.622
	40년	40	4.40	.510
다문화교육의 문제점	20년	1	3.00	.
	30년	164	3.33	.707
	40년	40	3.02	.961
다문화교육의 활성화 방안	20년	1	2.91	.
	30년	164	4.07	.657
	40년	40	3.90	.574

점, 다문화교육의 활성화 방안에 대하여 경력에 따라 인식에 차이가 있는지 알아보기 위하여 일원배치 분산분석을 실시한 결과 모든 다문화적 인식의 세부 항목에 대하여 경력에 따른 인식의 차이는 없는 것으로 나타났다(다문화적 인식 노력 F=.700, p=.498, 다문화교육의 필요성 F=.669, p=.513, 다문화교육의 목표 F=1.847, p=.160, 다문화교육의 문제점 F=2.761, p=.066, 다문화교육의 활성화 방안 F=2.669, p=.072).

<표 6-12> 경력별 다문화 인식에 대한 차이

구분		제곱합	df	평균 제곱	F	유의확률
다문화적 인식 노력	집단 간	.372	2	.186	.700	.498
	집단 내	53.656	202	.266		
	합계	54.028	204			

구분		제곱합	df	평균 제곱	F	유의확률
다문화교육의 필요성	집단 간	.426	2	.213	.669	.513
	집단 내	64.357	202	.319		
	합계	64.783	204			
다문화교육의 목표	집단 간	1.341	2	.670	1.847	.160
	집단 내	73.319	202	.363		
	합계	74.660	204			
다문화교육의 문제점	집단 간	3.214	2	1.607	2.761	.066
	집단 내	117.566	202	.582		
	합계	120.780	204			
다문화교육의 활성화 방안	집단 간	2.200	2	1.100	2.669	.072
	집단 내	83.242	202	.412		
	합계	85.441	204			

7) 학교 규모에 따른 다문화적 인식 차이

학교 규모에 따른 다문화 인식에 대한 평균과 표준편차는 〈표 6-13〉과 같으며, 다문화적 인식 노력, 다문화교육의 필요성, 다문화교육의 목표, 다문화교육의 문제점, 다문화교육의 활성화 방안에 대하여 학교 규모별로 학교장들의 인식에 대한 차이가 있는지 알아보기 위해 일원배치 분산분석을 실시하였다. 분석 결과 학교 규모별 다문화교육의 필요성, 다문화교육의 목표, 다문화교육의 문제점, 다문화교육의 활성화 방안에는 차이가 없는 것을 확인할 수 있었다(다문화교육의 필요성 F=1.130, p=.346, 다문화교육의 목표 F=1.205, p=.308 다문화교육의 문제점 F=.296, p=.915, 다문화교육의 활성화 방안 F=.323, p=.898). 하지만 다문화적 인식 노력(F=2.392, p=.039)에서는 학교 규모별 인식의 차이가 있는 것으로 나타났다. 이에 대한 자세한 결과는 〈표 6-13〉과 같다.

〈표 6-13〉을 보면, 다문화 인식에 대한 대부분의 항목들에서 1,000명 이내 규모 학교에서의 평균이 더 높은 수치로 나타나는 것을 확인할 수 있다. 특히 〈표 6-14〉를 통해 확인할 수 있듯이 다문화적 인식 노력의 항목에 대해서만 평균학

〈표 6-13〉 학교 규모별 다문화 인식 평균 및 표준편차

구분	학교 규모	N	평균	표준편차
다문화적 인식 노력	100명 이내	27	4.15	.678
	200명 이내	8	4.23	.315
	300명 이내	8	4.19	.726
	500명 이내	21	4.42	.279
	1,000명 이내	90	4.30	.437
	1,000명 이상	51	4.05	.567
다문화교육의 필요성	100명 이내	27	4.38	.799
	200명 이내	8	4.65	.372
	300명 이내	8	4.42	.556
	500명 이내	21	4.59	.440
	1,000명 이내	90	4.52	.457
	1,000명 이상	51	4.35	.645
다문화교육의 목표	100명 이내	27	4.41	.777
	200명 이내	8	4.63	.525
	300명 이내	8	4.46	.525
	500명 이내	21	4.60	.551
	1,000명 이내	90	4.49	.506
	1,000명 이상	51	4.29	.694
다문화교육의 문제점	100명 이내	27	3.15	.692
	200명 이내	8	3.48	1.071
	300명 이내	8	3.38	.406
	500명 이내	21	3.26	.579
	1,000명 이내	90	3.29	.815
	1,000명 이상	51	3.25	.806

구분	학교 규모	N	평균	표준편차
	100명 이내	27	4.07	.872
	200명 이내	8	4.19	.664
다문화교육의 활성화 방안	300명 이내	8	4.13	.756
	500명 이내	21	3.97	.757
	1,000명 이내	90	4.05	.560
	1,000명 이상	51	3.96	.610

교 규모별 평균 차이가 유의하게 나타나고 있는데, 다문화적 인식 노력에 대한 학교 규모별 평균을 비교했을 때 500명 이내(평균 4.42점)와 1,000명 이내(평균 4.30점)의 평균이 가장 높게 나타났고 1,000명 이상(평균 3.25점)의 평균이 가장 낮게 나타남을 알 수 있다. 이와 같은 결과는 학교 규모가 학교장의 다문화적 인식 노력의 태도에 어느 정도 영향을 미친다는 것을 의미한다.

〈표 6-14〉 학교 규모별 다문화 인식에 대한 차이

구분		제곱합	df	평균 제곱	F	유의확률
다문화적 인식 노력	집단 간	3.063	5	.613	2.392	.039
	집단 내	50.965	199	.256		
	합계	54.028	204			
다문화교육 필요성	집단 간	1.788	5	.358	1.130	.346
	집단 내	62.995	199	.317		
	합계	64.783	204			
다문화교육 목표	집단 간	2.195	5	.439	1.205	.308
	집단 내	72.466	199	.364		
	합계	74.660	204			
다문화교육의 문제점	집단 간	.891	5	.178	.296	.915
	집단 내	119.889	199	.602		
	합계	120.780	204			

구분		제곱합	df	평균 제곱	F	유의확률
다문화교육 활성화 방안	집단 간	.689	5	.138	.323	.898
	집단 내	84.753	199	.426		
	합계	85.441	204			

8) 학교 운영 유형에 따른 다문화교육의 인식에 대한 차이

다문화 관련 학교 운영에 따른 다문화 인식에 대한 평균과 표준편차는 다음 〈표 6-15〉와 같으며, 다문화적 인식 노력, 다문화교육의 필요성, 다문화교육의 목

〈표 6-15〉 다문화 관련 학교 운영별 다문화교육의 인식 평균 및 표준편차

구분	학교 운영	N	평균	표준편차
다문화적 인식 노력	중심학교	17	4.36	.371
	연구학교	7	4.23	.559
	일반 학교	181	4.21	.525
다문화교육의 필요성	중심학교	17	4.59	.400
	연구학교	7	4.50	.585
	일반 학교	181	4.45	.577
다문화교육의 목표	중심학교	17	4.52	.437
	연구학교	7	4.48	.565
	일반 학교	181	4.44	.622
다문화교육의 문제점	중심학교	17	3.45	.749
	연구학교	7	3.67	.461
	일반 학교	181	3.24	.777
다문화교육의 활성화 방안	중심학교	17	4.35	.410
	연구학교	7	4.30	.719
	일반 학교	181	3.99	.654

표, 다문화교육의 문제점, 다문화교육의 활성화 방안에 대한 학교장의 인식 차이 검정을 위해 일원배치 분산분석을 실시하였다. 분석결과 다문화적 인식 노력, 다문화교육의 필요성, 다문화교육의 목표, 다문화교육의 문제점에 대한 학교장의 인식에는 차이가 없었다(다문화적 인식 노력 F=.681, p=.507, 다문화교육의 필요성 F=.445, p=.642, 다문화교육의 목표 F=.159, p=.853 다문화교육의 문제점 F=1.561, p=.213). 하지만 다문화교육의 활성화 방안에 따른 인식에는 차이가 있는 것으로 나타났다(F=3.112, p=.047). 이와 같은 결과는 다문화교육의 활성화 방안, 즉 다문화교육의 측면에서 학교 운영 유형에 따른 학교장의 인식의 차이가 영향을 미친다는 것을 의미하는 것으로 판단할 수 있다.

〈표 6-15〉를 보면, 유의미한 결과가 나온 다문화교육의 활성화 방안 항목에서 중심학교(평균 4.35점), 연구학교(4.30점), 일반 학교(3.99점) 순으로 높은 평균을 보이고 있다. 이와 같은 결과는 다문화에 대해서 일반 학교보다 다문화 관련 중심학교와 연구학교 학교장의 실천적 관심이 더 많다는 것을 의미한다.

〈표 6-16〉 다문화 관련 학교 운영별 다문화교육의 인식 차이 검정

구분		제곱합	df	평균 제곱	F	유의확률
다문화적 인식 노력	집단 간	.362	2	.181	.681	.507
	집단 내	53.666	202	.266		
	합계	54.028	204			
다문화교육의 필요성	집단 간	.284	2	.142	.445	.642
	집단 내	64.499	202	.319		
	합계	64.783	204			
다문화교육의 목표	집단 간	.117	2	.059	.159	.853
	집단 내	74.543	202	.369		
	합계	74.660	204			
다문화교육의 문제점	집단 간	1.838	2	.919	1.561	.213
	집단 내	118.942	202	.589		
	합계	120.780	204			

구분		제곱합	df	평균 제곱	F	유의확률
다문화교육의 활성화 방안	집단 간	2.554	2	1.277	3.112	.047
	집단 내	82.888	202	.410		
	합계	85.441	204			

　　다문화 관련 중심학교와 연구학교는 권역 내의 다문화가정 학생 및 학부모 지원을 위한 협의체를 구성하여 운영방안을 함께 논의하는 등 상시적이고 체계적인 운영체제를 갖추고 있다. 또한 다문화가정 학생과 학부모를 대상으로 한국어 교육 및 문화체험, 기초학습, 예비학교 운영 등의 다양한 프로그램을 지원하고 있다. 하지만 본 설문에 응답한 205명의 학교장 중에서 중심학교와 연구학교의 학교장은 24명에 불과하며 일반 학교의 학교장은 이들의 약 9배에 달하는 181명이었다. 따라서 일반 학교 학교장의 다문화교육 활성화 방안 인식에 대한 평균 점수가 낮게 나타나는 것은 인천 지역 약 9할의 학교장의 다문화적 실천 의식이 부족하다는 것을 의미한다. 따라서 일반 학교 학교장을 중심으로 한 다문화교육의 실천적인 측면을 강조하는 연수 및 워크숍 등의 지원의 필요성을 제기할 수 있을 것이다.

3.
학교장 인식의 기술 통계 분석

1) 다문화적 인식 노력

다문화적 인식 노력에 대하여 조사한 결과는 다음 〈표 6-17〉과 같다.

〈표 6-17〉 다문화적 인식 노력

다문화적 인식 노력	평균	표준편차
모든 인간은 피부색, 성별에 관계없이 평등해야 함	4.80	.557
모든 나라 문화에 대해 수용하고 존중하려고 노력함	4.62	.620
우리 문화에 대한 자긍심과 정체성 확립에 힘씀	4.62	.694
이주노동자, 결혼이민자, 새터민과 같은 사람들에 대하여 관심을 가짐	4.17	.831
국제결혼이나 이주에 대하여 긍정적으로 생각함	4.06	.855
외국인이 어려움을 당할 때 적극적으로 도와주는 편임	3.89	.870
낯선 문화에 대해 수용적인 자세를 가지는 편임	4.21	.780
외국인을 대할 때 선입견을 가지고 대하는 편임	3.50	1.149
국제적 사건의 중요성을 인지하고 적극 관심을 가짐	4.14	.782
다른 문화에 대한 편견과 고정관념을 갖지 않기 위해 노력함	4.25	.774

본 연구에서 인천 지역 초등학교 학교장들이 인식하고 있는 다문화적 인식 노력에 대하여 조사한 결과, '모든 인간은 피부색, 성별에 관계없이 평등해야 한다'(평균 4.80점)가 5점 만점 가까이로 가장 높게 나타나 대부분의 학교장들이 가장 보편적으로 인식하고 노력하고 있는 다문화교육의 내용이라는 것을 알 수 있었다. 그 다음으로는 '모든 나라 문화에 대해 수용하고 존중하려고 노력한다'와, '우리 문화에 대한 자긍심과 정체성 확립에 힘쓴다'(평균 4.62점), '다른 문화에 대한 편견과 고정 관념을 갖지 않기 위해 노력한다'(평균 4.25점), '낯선 문화에 대해 수용적인 자세를 가지는 편이다'(평균 4.21점), '이주노동자, 결혼이민자, 새터민과 같은 사람들에 대하여 관심을 갖고 있다'(평균 4.17점), '국제적 사건의 중요성을 인지하고 적극 관심을 갖는다'(평균 4.14점), '국제결혼이나 이주에 대하여 긍정적으로 생각한다'(평균 4.06점), '외국인이 어려움을 당할 때 적극적으로 도와주는 편이다'(평균 3.89점), '외국인을 대할 때 선입견을 가지고 대하지 않는 편이다'[2](평균 3.50점) 순으로 나타났다. 특히 가장 낮은 평균점수가 나타난 항목이 '선입견'에 대한 부분임을 고려했을 때, 학교장의 인식에서도 외국인을 대할 때 선입견을 배제하는 것이 어려운 부분임을 미루어 짐작하여 판단할 수 있다. 이와 같은 결과는 학교장이 인식하는 다문화교육의 문제점에서 '다문화교육에 대한 지식이나 이해가 부족하다'와 '다문화교육에 대한 편견, 고정관념이 있다'의 항목이 높은 평균을 나타내고 있는 것과 관련되어 있으며, 학교장과 일선 교사들을 위한 다문화교육을 위한 선입견 해소의 교육 및 연수가 필요하다는 식으로 해석할 수 있다.

---

2) '외국인을 대할 때 선입견을 가지고 대하는 편이다' 문항의 평균은 부정적인 인식의 내용을 담고 있어 역코딩으로 평균을 계산한 결과이므로, 실제적으로는 '외국인을 대할 때 선입견을 가지고 대하지 않는다'라고 평균값을 해석할 수 있다.

2) 다문화교육의 필요성

학교장이 인식하고 있는 다문화교육의 필요성에 대하여 조사한 결과는 다음 〈표 6-18〉과 같다.

〈표 6-18〉 다문화교육의 필요성

다문화교육의 필요성	평균	표준편차
민족에 대한 긍정적인 정체감을 발달시키기 위해 필요함	4.42	.679
세계화 시대에 필요한 융통성과 개방성을 가진 유능한 인재를 양성하기 위해 필요함	4.53	.630
통찰력을 키워 자신의 정체성을 명확히 구성하기 위해 필요함	4.44	.652
다른 문화를 존중할 수 있는 마음을 기르기 위해 필요함	4.54	.622
인종, 성, 사회적 지위, 장애와 관련 없이 모두 평등함을 알게 해 주기 위해 필요함	4.52	.638
다문화교육은 학교 공동체의 성장과 긍정적 정체성 형성에 유익을 줄 것이기 때문에 필요함	4.34	.780

'다문화교육의 필요성'은 학교장의 다문화 인식을 조사하는 설문 내용의 다섯 가지 영역 중에서 가장 높은 평균치를 보이고 있는 만큼 학교장들이 가장 크게 인식하고 있는 부분이라고 할 수 있다.[3] 따라서 모든 설문 문항에 대한 응답 평균은 4.0점을 훨씬 넘어선 수치로 나타나고 있다. 구체적으로 살펴보면 '다른 문화를 존중할 수 있는 마음을 기르기 위해 필요하다'(평균 4.54점)가 가장 높게 나타나 학교장들이 다문화교육의 필요성에 있어서 가장 우선적으로 인식하고 있는 점이 다른 문화에 대한 존중 의식이라는 것을 알 수 있다. 그 다음으로는 '세계화 시대에 필요한 융통성과 개방성을 가진 유능한 인재를 양성하기 위해 필요하다'(평균 4.53점)가 높게 나타났는데, 이와 같은 관점은 다문화교육을 세계화 시대에 유능한

---

3) 앞의 〈표 6-2〉에 의하면 전체 다문화교육 인식 평균은 4.10이며, 각각의 영역에 대해서는 '다문화적 인식 노력' 평균 4.23점, '다문화교육의 필요성' 평균 4.47점, '다문화교육의 목표' 평균 4.44점, '다문화교육의 문제점' 평균 3.27점, '다문화교육의 활성화 방안' 평균 4.03점으로 나타났다.

인재가 되기 위해 필요한 수단으로서 생각한다는 것으로 판단할 수 있다. 그리고 '인종, 성, 사회적 지위, 장애와 관련 없이 모두 평등함을 알게 해주기 위해 필요하다'(평균 4.52점), '통찰력을 키워 자신의 정체성을 명확히 구성하기 위해 필요하다'(평균 4.44점), '민족에 대한 긍정적인 정체감을 발달시키기 위해 필요하다'(평균 4.42점), '다문화교육은 학교 공동체의 성장과 긍정적 정체성 형성에 유익을 줄 것이다'(평균 4.34점) 순으로 나타났다.

3) 다문화교육의 목표

학교장들이 인식하고 있는 다문화교육의 목표에 대하여 조사한 결과는 다음 〈표 6-19〉와 같다.

〈표 6-19〉 다문화교육의 목표

다문화교육의 목표	평균	표준편차
다른 나라와 민족, 인종, 성, 종교에 관한 개념을 앎	4.22	.779
성공적인 세계 시민으로 필요한 개방성과 융통성을 길러 줌	4.40	.704
인간은 인종, 성, 장애, 종교, 사회적 지위 등에 관계없이 평등함을 알게 함	4.52	.646
공동체 속에서 서로를 존중하고 협동하는 역할을 알게 함	4.49	.704
문화적 다양성과 공통성을 긍정적으로 경험하게 함	4.51	.661
자기 존중과 다른 인종에 대해 배려하는 태도로 합리적인 사고를 길러 줌	4.53	.631

'다문화교육의 목표' 역시 학교장의 다문화 인식을 조사하는 설문 내용의 다섯 가지 영역 중에서 두 번째로 높은 평균치를 보이고 있는 만큼 학교장들이 보편적으로 넓게 인식하고 있는 부분이라고 할 수 있다. 따라서 모든 설문 문항에 대

한 응답 평균은 4.0점을 훨씬 넘어선 수치로 나타나고 있으며, 학교장들이 다문화교육에 대한 목표에 매우 긍정적인 태도를 가지고 있는 것으로 판단할 수 있다.

이에 대한 설문 결과를 구체적으로 살펴보면, '자기 존중과 다른 인종에 대해 배려하는 태도로 합리적인 사고를 길러 준다'(평균 4.53점), '인간은 인종, 성, 장애, 종교, 사회적 지위 등에 관계없이 평등함을 알게 한다'(평균 4.52점), '문화적 다양성과 공통성을 긍정적으로 경험하게 한다'(평균 4.51점), '공동체 속에서 서로를 존중하고 협동하는 역할을 해야 함을 알게 한다'(평균 4.49점), '성공적인 세계 시민으로 필요한 개방성과 융통성을 길러 준다'(평균 4.40점), '다른 나라와 민족, 인종, 성, 종교에 관한 개념을 안다'(평균 4.22점) 순으로 나타났다. 이와 같은 결과를 바탕으로 판단했을 때, 다른 인종에 대해 배려하는 태도와 모든 인간에 대한 보편적인 평등함을 중요시 여기는 것을 가장 우선하는 다문화교육의 목표로 생각하고 있음을 알수 있다. 또한 인천 지역 대부분의 초등학교 학교장의 다문화적 인식에서 다문화교육의 목표로 다른 나라의 민족, 인종, 성, 종교에 대한 관심이 상대적으로 부족하다는 것을 알 수 있다.

4) 다문화교육의 문제점

학교장이 인식하고 있는 다문화교육의 문제점에 대하여 조사한 결과는 다음 〈표 6-20〉과 같다.

응답을 구체적으로 살펴보면 '한국 상황에 맞는 다문화교육 프로그램이 부족하다'(평균 3.61점), '다문화교육에 대한 지식이나 이해가 부족하다'(평균 3.55점), '다른 민족, 인종, 문화에 대한 편견, 고정관념이 있다'(평균 3.40점), '다문화교육에 대한 논의가 부족하다'(평균 3.30점), '다른 문화에 대해 배타적 성향이 있다'(평균 3.23점),

<표 6-20> 다문화교육의 문제점

다문화교육의 문제점	평균	표준편차
한국 상황에 맞는 다문화교육 프로그램이 부족함	3.61	.870
다문화교육에 대한 지식이나 이해가 부족함	3.55	.925
다른 민족, 인종, 문화에 대한 편견, 고정관념이 있음	3.40	1.149
다문화교육에 대한 논의가 부족함	3.30	1.008
다른 문화에 대해 배타적 성향이 있음	3.23	1.135
다문화교육에 대한 교장의 인식이 부족함	2.52	1.078

'다문화교육에 대한 교장의 인식이 부족하다'(평균 2.52점) 순으로 나타났다. 이와 같이 초등학교 학교장의 다문화교육의 문제점에 대한 인식을 살펴보면 한국 상황에 맞는 다문화교육 프로그램이 부족한 것과 다문화교육에 대한 지식이나 이해가 부족한 것을 가장 큰 문제점으로 느끼고 있었다. 이것은 여전히 일선 학교에서 실제적인 다문화교육에 대한 지식 및 이해가 부족하다는 것을 의미하며, 다양하고 질 높은 다문화교육 프로그램 보급의 활성화가 매우 필요하다는 것을 시사하고 있다.

5) 다문화교육의 활성화 방안

학교장이 인식하고 있는 다문화교육의 활성화 방안에 대하여 조사한 결과는 다음 〈표 6-21〉와 같다.

구체적으로 살펴보면 '다문화교육에 대한 문화의 다양성을 인정하는 분위기를 조성한다'(평균 4.22점), '다문화교육 내용에 대한 교육 현장을 이해한다'(평균 4.11점), '다문화교육을 위한 교사 연수 및 교육 경험의 기회를 제공한다'(평균 4.09점),

〈표 6-21〉 다문화교육의 활성화 방안

다문화교육의 활성화 방안	평균	표준편차
문화적 편견 해소를 위한 다문화 체험활동을 지원함	3.98	.877
지역사회와 연계한 다문화교육 프로그램을 지원함	4.00	.831
복지관과 연계한 다문화교육 프로그램을 지원함	3.95	.752
다문화 배경을 가진 자녀에 대한 언어 교육을 실시함	3.99	.819
다문화 배경을 가진 가정에 한국어 교육, 문화를 소양함	3.99	.773
다문화 배경을 가진 부모를 위한 교육을 실시함	3.99	.825
다문화교육에 대한 문화의 다양성을 인정하는 분위기를 조성함	4.22	.697
다문화교육에 대한 인식 전환 위한 프로그램 개발을 노력함	4.06	.820
다문화교육에 대한 국가, 지역사회의 정책적 · 재정적 지원함	3.97	.840
다문화교육을 위한 교사 연수 및 교육 경험의 기회를 제공함	4.09	.745
다문화교육 내용에 대한 교육 현장을 이해함	4.11	.729

'다문화교육에 대한 인식 전환 위한 프로그램 개발을 노력한다'(평균 4.06점), '다문화 배경을 가진 가정에 한국어 교육, 문화를 소양한다'(평균 3.99점), '다문화 배경을 가진 부모를 위한 교육을 실시한다'(평균 3.99점), '다문화 배경을 가진 자녀에 대한 언어 교육을 실시한다'(평균 3.99점), '문화적 편견 해소를 위한 다문화 체험활동을 지원한다'(평균 3.98점), '다문화교육에 대한 국가, 지역사회의 정책적 · 재정적 지원을 한다'(평균 3.97점), '지역사회와 연계한 다문화교육 프로그램을 지원한다'(평균 3.95점), '복지관과 연계한 다문화교육 프로그램을 지원한다'(평균 3.95점) 순으로 나타났다. 이처럼 다문화교육의 실천적 측면에 대해 초등학교 학교장의 인식을 살펴보면 가장 우선적으로 문화의 다양성을 인정하는 분위기를 조성하고 다문화교육의 현장을 이해하는 것이며, 그 다음으로는 일선 교사들에게 연수 및 다문화교육의 경험을 제공하는 것을 중요하게 여기고 있음을 알 수 있다.

6) 학교장의 다문화교육 인식에 대한 통계 분석

본 장에서는 인천 지역 초등학교 학교장을 대상으로 다문화교육의 인식에 대한 실증적인 조사를 통해 분석된 내용을 구체적으로 기술하였다. 조사 대상자의 인구 통계학적 특성에 따른 학교장의 다문화교육 인식에 대한 세부 문항들의 통계 분석을 정리 요약하면 다음과 같다.

첫째, 성별에 따른 다문화교육에 대한 인식 차이에 대해서는 성별에 무관하게 통계적으로 유의한 차이를 보이지 않았으므로, 학교장의 성별에 무관하게 비슷한 인식 수준을 보이는 것으로 나타났다.

둘째, 연령에 따른 다문화교육의 인식 차이는 학교장의 연령에 따라 다문화적 인식 노력, 다문화교육의 필요성, 다문화교육의 목표, 다문화교육의 활성화 방안에 대해서는 차이가 없는 것으로 나타났으나, 다문화교육의 문제에 대해서는 연령에 따른 인식에 차이가 있는 것으로 나타났다. 구체적으로는 다문화교육의 문제에 대하여 60대보다 50대의 학교장들이 더 많은 관심과 인식을 가지고 있었다. 따라서 상대적으로 60대 이상의 학교장들을 대상으로 다문화교육 문제점의 인식 변화를 위한 지원이 필요하다는 것을 알 수 있었다.

셋째, 학력에 따른 다문화교육의 인식 차이에 대해서는 학력에 무관하게 통계적으로 유의한 차이를 보이지 않았으므로, 학교장의 학력에 무관하게 비슷한 인식 수준을 보이는 것으로 나타났다.

넷째, 학부전공에 따른 다문화교육의 인식 차이는 교육대를 졸업한 학교장과 일반대를 졸업한 학교장 간에 모든 항목에 대하여 차이가 없는 것으로 나타났다.

다섯째, 경력에 따른 다문화교육의 인식 차이는 모든 다문화적 인식의 세부 항목에 대하여 경력에 따른 인식 차이는 없는 것으로 나타났다.

여섯째, 학교 규모에 따른 다문화교육의 인식 차이는 학교 규모별로 학교장들의 인식에 대한 분석 결과 다문화적 인식 노력에 대해서는 학교 크기별로 유의한 수준 차이가 나타났으며, 1,000명 이내의 중소형 학교의 학교장들이 대형 규모의 학교의 학교장들보다 더 높은 수준의 다문화교육의 인식을 가지고 있는 것으로 나타났다. 다문화교육의 필요성, 다문화교육의 목표, 다문화교육의 문제, 다문화교육의 활성화 방안에 대해서는 학교 규모와 무관하게 비슷한 인식을 가지고 있는 것으로 나타났다.

일곱째, 학교 운영 유형에 따른 다문화교육의 인식 차이를 살펴보면, 다문화적 인식 노력, 다문화교육의 필요성, 다문화교육의 목표, 다문화교육의 문제점에 대해서는 인식 차이가 없었으나, 다문화교육의 활성화 방안에 따른 인식에는 차이가 있는 것으로 나타났다. 다시 말해서 학교 운영 유형에 따라 초등학교 학교장의 다문화교육 실천적 측면의 인식이 다르다는 것으로, 일반 학교에 비해 중심학교나 연구학교의 학교장의 인식의 평균이 높게 나타남을 알 수 있었다. 일반 학교 학교장의 수가 중심학교나 연구학교의 학교장 수보다 약 9배가량 많음을 고려한다면, 일반 학교 학교장을 중심으로 한 다문화교육의 실천을 위한 연수 및 세미나, 워크숍 등 지원의 필요성을 판단할 수 있다.

인천 지역 초등학교 학교장의 다문화교육에 대한 인식은 대부분의 개인 변인과 다문화교육의 인식 수준에서 유의차가 나타나지는 않았지만, 인식에 대한 대체적인 평균치를 살펴봤을 때 학교장들은 다문화 및 다문화교육에 대해 전반적으로 개방적이고 긍정적인 인식을 갖고 있는 것으로 나타났다. 특히 유의한 차이를 보인 연령과 학교 규모, 학교 운영 유형 면에 대해서는 향후 다문화교육에 대한 교육정책적인 측면에서 보다 관심을 기울여야 할 것으로 판단된다.

4.
인식 및 태도 분석

1) 다문화교육의 인식 및 태도에 대한 설문지 분석

초등학교장의 다문화교육 인식에 대한 현황을 설문지를 통해 귀납적으로 도출한 결과 인구통계학적 특성에 따른 다문화교육에 대한 학교장의 인식에 유의한 차이를 보이지 않았다.

개방형 설문에 앞서 학교마다 다문화인이 있는가에 대한 설문을 통해 205명의 학교장 중 약 93%(190명)가 있다고 응답을 하였다. 학생 수에 관계없이 이와 같은 통계는 시사하는 바가 크다. 한국 사회에 다문화인이 그만큼 분포되어 있어, 특히 학교장의 다문화교육에 대하여 바른 인식을 가져야 할 필요성이 매우 크다

〈표 6-22〉 다문화교육의 인식 및 태도 구성

구분	다문화교육의 인식 및 태도
첫째	다문화교육이 무엇이라고 생각합니까?
둘째	현재 소속 학교에서 다문화교육 프로그램을 운영한다면 어떤 것이 있습니까?
셋째	학교에서 다문화교육을 성공적으로 수행하기 위해 필요한 것은 무엇입니까?

는 것을 알 수 있다.

세 개의 개방형 설문지를 통해 학교장이 가지고 있는 다문화교육에 대한 다양한 인식을 알 수 있었다. 세 개의 설문지는 다음과 같이 구성되어 있다.

세 개의 개방형 설문은 폐쇄형 설문지와 함께 동일한 방법으로 배포하여 동일한 방법으로 수거하였으며, 설문지를 통해 받은 자료를 통하여 다음과 같은 결론을 도출하였다.

2) 다문화교육의 인식 및 태도에 대한 분석 결과

학교장의 다문화교육 인식과 관련하여 작성된 설문지를 통해 받은 자료는 전체 회수된 설문지 중 63.4%만이 답변을 하였고, 분석 결과 다문화교육 인식, 다문화교육의 프로그램, 다문화교육의 태도에 대해 다음과 같은 결론을 도출할 수 있었다.

첫째, '다문화교육이 무엇이라고 생각합니까?'에 대한 결과는 다음과 같다.

다양한 답변들에 대해 세부적으로 범주화하여 분석한 결과 크게 여섯 가지로 구분할 수 있다. 가장 많은 답변은 다양성에 대한 이해와 다문화인들을 포용하고 수용하는 것 35명(26.9%), 일반적인 교육을 해야 한다 31명(23.8%), 다문화교육은 평등과 다양성을 존중하는 것이다 30명(23.1%), 공동체 생활 18명(13.8%), 한국 적응 교육을 해야 한다 15명(11.5%), 다문화인을 위한 복지 1명(0.1%) 순으로 나타났다.

둘째, 학교에서 운영하고 있는 다문화교육의 프로그램에 대한 결과는 다음과 같다. 개방형 질문을 통해 학교에서 다문화교육을 운영하고 있는가에 대한 답변에 205명의 학교장 중 77명(37.6%)만이 학교에서 다문화교육을 운영하고 있다고 답변하였다. 이것은 앞의 통계에서 205명의 학교장 중 190명(92.7%)의 학교장이 학교에 다문화인이 있다고 답변한 것에 비해 상당히 적은 수치이다.

다문화교육의 필요성은 인식하지만, 실제 학교에서 다문화교육의 프로그램을 운영하는 것은 상당히 미흡한 것으로 나타났다.

셋째, 학교에서 다문화교육을 성공적으로 수행하기 위해 필요한 것은 무엇인지 학교장들의 태도에 대한 결과는 다음과 같다.

다문화교육을 성공적으로 수행하기 위해서는 가장 많은 답변이 117명 중에 33명(28.2%)이 교육 프로그램 개발, 이해와 관심과 수용이 23명(19.7%), 의식 전환이 22명(18.8%), 다문화 전문가 육성이 18명(15.4%), 재정 지원이 필요하다 13명(11.1%), 마지막으로 사랑과 나눔이 8명(6.8%) 순으로 나타났다.

이것은 폐쇄형 설문과 동일한 결과로 나타났다.

개방형 설문에 대한 학교장의 다문화교육 인식 및 태도 분석에 참여한 빈도는 〈표 6-23〉과 같다.

〈표 6-23〉 다문화교육 인식 및 태도 분석에 참여한 빈도   (N: 205)

구분	다문화교육의 인식 및 태도 분석	빈도	백분율
첫째	다문화교육이 무엇이라고 생각합니까?	130	63.4
둘째	현재 소속 학교에서 다문화교육 프로그램을 운영한다면 어떤 것이 있습니까?	77	37.6
셋째	학교에서 다문화교육을 성공적으로 수행하기 위해 필요한 것은 무엇입니까?	117	57.1

첫째, '다문화교육이 무엇이라고 생각합니까?'에 대한 답변으로는 205명 중 130명(63.4%)이 답하였다. 이를 도표로 하면 〈표 6-24〉와 같다.

〈표 6-24〉 다문화교육 인식에 대한 조사 응답률

항목	구분	빈도	백분율
다문화교육이 무엇이라고 생각합니까?	답변	130	63.4
	무답변	75	36.6
계		205	100

개방형 설문지를 통한 분석 결과는 다음과 같다.

'다문화교육이 무엇이라고 생각합니까?'에 대한 개방형 설문지를 통해 조사한 결과 205명 중에 130명(63.4%)이 답변하였으며, 설문에 답변하지 않은 학교장도 75명(36.6%)나 되었다. '다문화교육이 무엇이라고 생각합니까?'에 대하여 답변한 205명 중 63.4%(130명)가 응답한 내용을 범주화하여 6개로 분류하면 〈표 6-25〉와 같다.

〈표 6-25〉 다문화교육이 무엇이라고 생각합니까?

항목	구 분	빈도	백분율
다문화교육이 무엇이라고 생각합니까?	다양성에 대한 이해와 다문화인들을 포용하고 수용하는 것	35	26.9
	일반적인 교육을 하는 것	31	23.8
	다문화교육은 평등과 다양성을 존중하는 것	30	23.1
	공동체 생활을 하는 것	18	13.8
	한국 사회에 적응하는 교육	15	11.5
	다문화인을 위한 복지	1	0.01
계		130	100

답변들에 대하여 세부적으로 범주화하면 다양성에 대한 이해와 다문화인들을 포용하고 수용하는 것이 35명(26.9%)이며, 일반적인 교육을 하는 것 31명(23.8%), 다문화교육은 평등과 다양성을 존중하는 것 30명(23.1%), 공동체 생활을 해야 한다 18명(13.8%), 다문화인을 위한 복지 1명(0.01%) 순으로 나타났다.

둘째, '다문화교육을 운영하고 있습니까?'에 대한 답변으로는 205명 중 77명(37.6%)이 답변하였다. 운영하고 있는 학교장들을 대상으로 어떤 교육을 하고 있는가?에 대한 답변을 세부적으로 분류하면 〈표 6-26〉과 같다.

세부적으로 분류하면 다문화인들만을 위한 교육을 많이 실시하고 있으며, 그 다음으로 문화 체험과 다문화인을 위해 한글 공부를, 문화교실과 다문화인을

<표 6-26> 어떻게 다문화교육을 운영하고 있습니까?

항목	구분	빈도	백분율
어떻게 다문화교육을 운영하고 있습니까?	다문화인들만을 위한 교육	24	31.2
	문화 체험	20	25.9
	한글 공부	14	18.2
	문화 교실	11	14.3
	다문화인들을 도와 주는 것	8	10.4
계		77	100

도와주는 것이 다문화교육이라고 답변을 한 교장이 8명으로 나타났다.

셋째, '다문화교육을 성공적으로 수행하기 위해 필요한 것은 무엇인가?'에 대한 답변으로는 205명 중 117명이 답하였다. 이를 세부적으로 분류하면 다음 〈표 6-27〉과 같다.

다문화교육을 성공적으로 수행하기 위해서는 교육 프로그램 개발 33명, 이해와 관심과 수용 23명, 의식 전환 22명, 다문화 전문가 육성 18명, 재정 지원 13명, 사랑과 나눔 8명 순으로 대답하였다.

이것은 이현정(2012)의 연구에서 나타난 프로그램 개선에 대한 연구에서 초·중등학생의 다문화교육에 프로그램이 많이 부족하다는 내용과 일치하는 것

<표 6-27> 다문화교육을 성공적으로 수행하기 위해 필요한 것은 무엇인가?

항목	구분	빈도	백분율
다문화교육을 성공적으로 수행하기 위해 필요한 것은 무엇인가?	교육 프로그램 개발	33	28.2
	이해와 관심과 수용	23	19.7
	의식 전환	22	18.8
	다문화 전문가 육성	18	15.4
	재정 지원	13	11.1
	사랑과 나눔	8	6.8
계		117	100

으로 교사들을 위한 다문화교육의 성공적 수행이나 학교에서 다문화교육을 성공적으로 수행하기 위해서는 다문화교육 프로그램 개발이 가장 시급하다는 것을 알 수 있다. 또한 다문화교육이 성공적으로 수행하기 위해서는 이해와 관심과 의식 전환 순으로 답변하였다.

이것은 아무리 좋은 교육 프로그램이 개발되어도 다문화인들을 위한 관심과 의식이 변화되지 않으면 다문화교육을 성공적으로 수행하기는 어렵다는 점을 나타내 주고 있다. 또한 다문화교육이 성공적으로 이루어지기 위해서는 재정 지원도 13명이나 답변하였고, 사랑과 나눔이 8명으로 나타났다.

전문가 육성은 박미숙(2013)의 연구에서 나타난 연수나 교사 교육과 일치하는 것으로 나아가 한국 사회가 다문화교육이 성공적으로 이루어지기 위해서는 다문화교육 전문가의 육성도 중요하다는 것을 초등학교장들은 인식하고 있었다.

3) 소결

초등학교장의 다문화교육 인식과 관련하여 작성된 폐쇄형 설문지를 통해 다문화교육의 인식 및 태도에 대한 분석 결과, 다음과 같은 결론이 도출되었다.

첫째, 다문화교육이란 무엇인가?

다문화교육에 대한 학교장의 인식을 살펴보면 다양성에 대한 이해와 다문화인들을 포용하고 수용하는 것이 35명(26.9%), 일반적인 교육을 하는 것이 31명(23.8%), 평등과 다양성을 존중하는 것이 30명(23.1%)이라고 나타났다.

타인을 포용하고 존중하는 것은 다문화교육의 핵심이다. 모경환(2009)은 Banks와 Bennett의 다문화교육에 대한 정의를 인용하여 그 개념을 다음과 같이 제시하고 있다. 다문화교육이란 '교육과정과 교육제도를 개혁하여 다양한 계층ㆍ

인종·민족·집단의 학생들에게 균등한 교육기회를 제공할 수 있도록 하는 것이다. 또한 사회정의의 원리를 추구함으로써 학교와 사회에 모든 종류의 불평등에 도전하며, 모든 학생들의 지적·개인적·사회적 잠재력을 최대한 실현하고자 하는 교육이다.' 이는 사회의 다수 주류자들이 소수문화를 이해하고 포용할 수 있도록 관용적인 측면을 강조하는 것이다. 다음으로는 다문화가정 학생과 이주민뿐만 아니라 일반 학생과 학부모, 그리고 일반 시민들까지도 확대되어야 한다는 인식이 높고, 평등, 다양성을 존중해야 한다는 인식을 가지고 있는 것으로 나타났다.

둘째, 다문화교육을 어떻게 운영하고 있는가?

학교에서 다문화교육을 운영하고 있는가에 대한 설문에 응한 학교장은 205명 중 77명에 불과하였다. 이것은 다문화교육에 대한 필요성은 인식하면서 학교에서 다문화교육을 운영하는 학교가 많지 않다는 것을 알 수 있다. 다문화교육을 운영하고 있다고 답변한 학교에 다문화교육 내용을 살펴보면 다문화교육이라기보다 한국에 동화되기 위해 도움을 줄 수 있는 한글 교육, 문화 체험이나 문화 교실을 주로 하고 있었다. 이와 같은 결과는 미래에 초등학교에서 다문화교육이 활성화되기 위해 다양한 다문화교육 프로그램 개발에 노력해야 한다는 것을 보여주고 있다.

셋째, '다문화교육을 성공적으로 수행하기 위해 필요한 것은 무엇인가?'에 대한 답변은 다문화교육을 성공적으로 수행하기 위해서는 교육 프로그램 개발 33명, 이해와 관심과 수용 23명, 의식 전환 22명, 다문화 전문가 육성 18명, 재정 지원 13명, 사랑과 나눔 8명 순으로 대답하였다. 이와 같은 결과는 학교에서 다문화교육을 성공적으로 수행하기 위해서 교육 프로그램 개발이 가장 시급하다는 의미이다. 그 다음에 다문화인들에 대한 이해와 관심, 그리고 학교장들의 의식 전환, 그리고 다문화 전문가 육성, 재정 지원, 그리고 사랑과 나눔이 필요한 것으로 나타났다.

VII

학교 경영자의 다문화교육정책 행동

1.
다문화교육정책 개요

인천광역시교육청은 다문화가족 위주의 교육에서 모두를 위한 교육으로 확대·도약시키며, 인권존중, 다문화 역량강화 및 배려의 다문화교육정책을 수립하여 일선 학교로 하여금 실천하도록 독려하고 있다. 이번 장은 교육청이 수립한 다문화교육정책에 대해 일선 초등학교장들이 어떻게 실천하고 있는지를 영역별·분야별로 초등학교장의 실천내용과 연계하여 분석하고자 한다.

2013년도 인천광역시 다문화교육정책 사업계획은 4개 영역과 30개의 구체적인 분야를 포함하고 있다. 구체적인 하위 추진 계획은 다문화교육 기반 구축, 다문화가정 학생 맞춤형 교육 지원, 다문화가정 학부모 교육역량 강화, 다문화 이해 제고 및 확산 등을 중점적으로 하고 있다(박인배, 2012). 특히 인천광역시교육청은 다문화교육 기반 구축을 위해 다음과 같은 정책을 전개하고 있다(인천광역시서부교육지원청, 2013: 7).

첫째, 급변하는 다문화사회에서 다문화교육의 전문성을 제고하고 교사 및 관리자의 다문화 이해를 제고시키기 위해 교원 연수를 강화하고 있으며, 구체적인 방법으로 현장 중심의 실천적 교육을 강조한 교사 대상 직무연수, 다문화교육 중심학교 담당자 워크숍 등 연중 다양한 직무연수 및 워크숍을 개최하고 있다.

둘째, 다문화교육 사이버 지원센터를 운영하고 있다. 이를 통해 다문화교육 우수사례 및 지도 자료를 제공함으로써 여러 자료를 공유하고 일반화할 수 있게 되었으며 다문화가정에 대한 논스톱 교육 서비스를 제공하여 언제든 쉽게 다문화교육이 이루어질 수 있는 기초 환경을 마련하게 되었다.

셋째, 다문화가정 상담센터를 운영하고 있다. 다문화가정 학생의 국내학교 적응을 돕기 위해 학교 편·입학, 학교 적응, 언어 문제 등에 관한 상담을 실시하고, 여러 가지 교육 불평등 현상 해소를 위해 노력하고 있다. 또한 이곳에서는 한국어 학습 프로그램 교재 개발·보급 등을 인천광역시교육청 및 다문화중심학교와 연계하여 추진하고 있다.

넷째, 다문화교육 연구회를 운영하고 있다. 다문화교육에 관심이 있는 교사나 다문화교육 중심·연구학교 담당자를 위주로 만들어진 연구회에서는 다문화교육 교사, 이중언어 강사 및 학부모 연수를 지원하며, 다문화 관련 교육 자료를 개발하고 보급하는 데에 많은 노력을 기울이고 있다. 아울러 다문화 이해 확산을 위해 각종 행사 및 대회도 운영하고 있다.

다섯째, 다문화가정과의 결연을 통해 한국 문화를 소개하고 사회적응을 돕는 멘토링의 취지에서 각 학교의 추천을 받아 위촉된 다문화교육 학부모 자원봉사단을 창설하였다. 200명 내외로 구성된 이 학부모 자원봉사단은 다문화가정 학생을 상담하고 학습 결손을 돕는 등 다각도로 교육격차 해소에 기여하고 있다.

여섯째, 다문화교육 지역사회협의회를 운영하고 있다. 다문화교육은 일개 학교나 교육청 단위에서만 가능한 것이 아닌, 유관기관 및 지역사회와의 연계를 통해 이루어져야 실질적인 효과를 거둘 수 있다. 따라서 「인천 다문화교육 지역사회협의회」를 정기적으로 실시하여 사업 평가 및 협의를 실시하고 있으며, 기관 간의 연계 사업 추진을 통해 유기적으로 연결된 다문화교육 사업이 가능하도록 장려하고 있다.

일곱째, 다문화 전담 코디네이터를 배치하고 있다. 다문화학생이 외국인 등록을 하거나 국적을 취득할 때 전담 코디네이터가 모국어로 된 자료로 입학 절차를 안내하는 등 정규학교 입학을 위한 전 과정을 지원하여 다문화학생의 공교육 진입을 돕고 있다.

다음은 다문화가정 학생 맞춤형 교육 지원사업들이다. 이들의 구체적인 내용들은 다음과 같다(인천광역시서부교육지원청, 2013: 14).

첫째, 중도입국 자녀 등 일반 학교 진학 및 적응이 어려운 다문화가정 자녀들에게 체계적인 공교육을 지원하기 위하여 2013년 3월 1일에 총 14학급의 '인천한누리학교'를 개교하였다. 이 학교는 초·중·고 통합 기숙형 대안학교로서, 특성화 교육 과정 속에서 다문화 과정 및 진로 과정 등을 집중적으로 이수할 수 있다.

둘째, 벨트형 다문화교육 중심학교를 운영하고 있다. 유치원 5개원, 초등학교 30개교, 중학교 9개교 등 총 44개교를 중심으로 지역교육청별·학교급별 인접학교를 39개의 벨트로 조직하여 중심학교 협의회를 구성하였다. 이러한 거점학교를 중심으로 지역 연합행사 및 자료 개발, 교원연수 등 다양한 활동을 전개하고 있다.

셋째, 일반 학생도 희망하는 다문화교육 운영을 위해 우수학교를 집중 지원하는 '글로벌 선도학교'를 운영하고 있다. 도시형 초등학교 2개교(동암초, 화전초)를 선정하여 다문화가정 학생과 일반 학생이 함께 참여하는 다양한 프로그램을 운영 중에 있다. 또한 방과 후 학교, 창의적 체험활동, 영재교육 등과 연계된 프로그램, 지역 기관과 연계한 다문화 체험교육, 우수사례 연수 등을 전개하여 많은 효과를 거두고 있다.

넷째, 다문화 이중언어 강사를 배치하였다. 2013년 3월 1일~12월 31일까지 10개월간 선발된 30명의 이중언어 강사를 학교 현장에 투입하여 공교육 시스템 안에서 다문화가정 학생을 위한 효율적인 교육을 지원하고 있다.

다섯째, 또래 친구 및 일대일 교사 결연제를 운영하고 있다. 다문화가정 학생과 일반 학생을 교사와 결연하여 또래 상담 및 상호 이해 프로그램을 운영하고 학교생활 적응 및 대인관계 향상을 돕고 있다.

여섯째, 상담 및 진로 · 인성 지도를 강화하고 있다. 다문화가정 학생에 대한 심리 · 적성검사 실시 및 집단 심성수련 등을 통해 정체성 확립 및 대인관계 능력의 향상을 위해 학생뿐만 아니라 가족 상담도 실시하여 가정과 연계된 실질적이고 통합적인 상담이 이루어지도록 하고 있다.

일곱째, 대학생 멘토링제를 운영하고 있다. 지방자치단체와 경인교대, 인하대, 인천대 등과 연계 · 협력 체제를 구축한 후, 학생들의 특기, 성별에 따른 멘토를 선정하여 다양한 문화 체험, 특기교육 등을 실시하고 있다.

여덟째, 지역교육청별 거점학교를 중심으로 연 1~2회 연합체험학습을 실시하고 있다. 통역도우미 및 학부모 자원봉사단을 활용하여 다문화가정 학부모의 참여를 유도하고, 다문화가정 학생과 일반 학생들의 자연스러운 어울림이 나타나도록 환경을 조성하고 있다.

아홉째, 다문화가정 학생을 대상으로 '다문화 글로벌 인재 양성' 교육을 실시하고 있다. 이에 따라 교육격차를 해소하고 특기 교육을 위해 다문화 과학캠프 및 과학영재반을 연중 운영 중이며, 다문화가족 이중언어 말하기 대회, 이중언어 교실 등 중심학교 단위로 여러 가지 사업을 전개하고 있다.

열째, 중도입국 자녀를 위한 예비학교, 취학 전 예비학교를 운영하고 있다. 한국어 및 학습 지원이 필요한 중도입국 자녀를 대상으로 일대일 학습 지원 및 대학생 멘토링제를 현재 인천당산초등학교, 가좌고등학교에서 운영하고 있다. 또한 다문화교육 중심학교에서는 초등학교 입학 예정인 다문화가정 학부모와 학생을 대상으로 취학 전 예비학교 운영을 계획하고 있다.

다음은 다문화가정 학부모 교육역량 강화에 관한 정책 추진 사항들이다. 구체적으로 살펴보면 다음과 같다(인천광역시서부교육지원청, 2013: 20).

첫째, 무지개 가족 결연 사업을 진행하고 있다. 다문화가정 및 일반 가정의 신청을 받아 결연 가정을 선정한 후, 가족 단위 상호 초대 및 문화 체험 활동 등을 실시하고 있다.

둘째, 학부모 상담주간을 운영하였다. 다문화가정 학부모의 자녀 교육에 대한 고충을 해소하고 자신감 회복, 자녀 교육역량을 강화하기 위해 학교 적응 및 학습지도 상담, 가정생활 상담 등 다양한 상담을 병행하고 있다.

셋째, 다문화가정 학부모를 대상으로 한국어반을 개설하였다. 중심학교 단위로 다문화가정 학부모 및 인근 지역의 외국인들에게 한국어 교육 기회를 제공하여 사회 적응을 실질적으로 돕는 계기를 마련하고 있다.

넷째, 통·번역 서비스를 지원하고 있다. (재)인천광역시국제교류센터와의 연계를 통해 가정통신문 외국어 번역 및 홈페이지 안내, 한국어 학습 지원, 체험 활동 지원 등의 역할을 수행하고 있다.

다섯째, 다문화가정 학부모 맞춤형 교육 프로그램 및 학부모 동아리를 운영하고 있다. 다문화가정 학부모의 요구를 반영한 맞춤형 교육을 실시 중이며, 일회성 교육에 치우치지 않도록 컴퓨터 및 인터넷 활용, 가계부 작성, 각종 자격증 취득반 등을 학부모 교육과 연계하여 운영하고 있다. 또한, 국가별 언어 및 문화이해를 위한 학부모 동아리, 일반 학부모와 다문화가정 학부모가 함께 하는 동아리 및 간담회를 운영하여 학부모 참여를 유도하고 있다.

다음은 인천광역시교육청의 다문화 이해 제고 및 확산에 관한 다문화교육정책 추진사항들이다(인천광역시서부교육지원청, 2013: 23).

첫째, 다문화교육 연구·정책추진학교를 운영하고 있다. 2009년 개정 교육 과정과 연계하여 교과 및 활동 영역별 다문화교육을 체계화·활성화시킬 수 있는 프로그램을 구안하고 개발하기 위해, 연구·정책추진학교를 중심으로 각기 다른 주제를 활용한 활발한 연구를 진행하고 있다.

둘째, 다문화 이해 교육을 강화하고자 하였다. 지역교육청 여건에 맞는 다문화교육 계획을 수립하여 운영하며, 다양한 다문화 이해 연수를 실시하고 있다. 또한 단위학교에서는 교과 및 재량활동과 연계하여 연간 4시간 이상 다문화교육을 반드시 실시하도록 하고 있다. 그 밖에도 학부모 연수 및 학교 방문의 날 운영 시, 다문화 이해 연수를 포함시켜 서로 다름을 이해하고 더불어 살아가려는 글로벌 시민 의식을 함양하도록 하고 있다.

셋째, 다양한 다문화 동아리를 운영하고 있다. 국가별 언어 및 문화 이해 동아리, 학교급별 창의적인 다문화 탐구활동 동아리, 자매결연 및 온-오프라인을 활용한 국제교류 활동 등 다문화 수용성 향상 및 문화 정체성 확립에 도움을 주고자 노력하고 있다.

넷째, 다문화사회에 대한 올바른 인식 제고를 위해 다양한 다문화교육 자료를 개발하여 보급하고 있다.

다섯째, 초·중·고 교사를 대상으로 다문화 우수사례를 발표하고 시상하는 다문화교육 우수사례 발표대회를 운영 중에 있다. 또한 관내 학생을 대상으로는 다문화교육 학생 체험수기 공모전을 실시하여 다문화가정 학생의 정체성 및 자존감을 향상시키고 사회적 공감대를 확산하는 기회를 제공하고자 하였다.

여섯째, 현장에서 열심히 활동한 유공교사를 발굴하여 담당교사의 자긍심을 고취시키고자 다문화교육 유공교사 표창(교육감 훈격, 10명 내외)을 실시하고 있다.

이와 같은 다문화교육정책 추진영역에 따라 일선 초등학교 교장들의 다문화교육과정 운영에 대해 인터뷰를 하였다. 다음은 인천광역시 다문화교육정책에 따른 학교장들의 인터뷰 내용을 중심으로 다문화교육정책 운영 실천 실태를 기술하고 분석할 것이다.

2.
다문화교육 기반 구축 강화 영역

다문화교육은 모든 학생을 위한 기본교육과 종합적인 학교개혁과정(Nieto, 1992)이며, 자유, 정의, 평등, 공평, 인간 존중의 철학적 사고에 기초하고, 모든 교과와 교육과정에 관련이 있으며, 학생들이 긍정적인 자아 개념을 형성하도록 도와준다. 또한 다문화교육은 다양한 집단의 역사와 문화 등에 있어서의 기여에 대한 정보를 제공하고, 인종, 민족, 사회계층, 성별, 장애와 관련된 사회문제를 다루며, 민주적 의사결정, 사회실천 기능, 비판적 사고를 가르친다(Grant & Sleeter, 1993).

다문화교육의 조기 정착을 위해서 교육 전반에 걸쳐 인적 · 물적 환경이 정비되어야 함에 다문화교육 인프라 구축에 역점을 둔 많은 정책들이 시행되고 있다. 다문화교육 대상 학생을 직접 대하는 학교 내의 교원, 관리자를 대상으로 한 연수들, 실질적인 상담 및 지원을 할 수 있는 센터 설립, 지역사회와 연계된 봉사회, 협의회 창설 등 다양한 분야에서 기반 구축을 위한 진지한 노력이 증가되고 있다. 이와 관련된 세부 사항들을 학교장들을 대상으로 심층 인터뷰를 실시하였으며, 이에 대한 분석결과는 다음과 같다.

1) 교원연수 강화 분야

'다문화교육 기반 구축을 위한 교원연수를 어떻게 실시하고 있는가?'라는 질문에 대해 네 학교장 모두 다문화교육 기반 구축을 위한 교원연수 강화 정책을 실천하는 것으로 나타났고, 다문화사회 및 다문화교육 운영에 대한 올바른 이해를 위해 교원연수를 운영 및 적극 장려하고 있었다. 뿐만 아니라 연수의 형태에 있어서도 위탁연수뿐만 아니라 다양한 연수의 유형이 지속적으로 시도되고 있었으며, 또한 이들의 결과가 다문화학교 운영에 실효성을 거두는 것을 알 수 있었다.

첫째, '전문교육기관 주관 온-오프라인 위탁 연수'의 유형으로 응답자 중 B학교장과 D학교장이 실천하고 있는 것으로 나타났다. 다음은 B학교장의 응답이다.

"교사 개인별 직무연수와 연찬을 실시했습니다. 우선 학교에서 직접 다문화 업무를 담당하는 교사와 관리자는 의무적으로 이수하도록 하였고요."(B학교장)

"그리고 나머지 교사들도 다문화 인식과 다문화적 소양을 넓히기 위하여 인천광역시 교육연수원, 티처빌 원격교육연수원, 경인교육대학교 등의 기관에서 주관하는 출석연수 및 직무연수를 적극 안내하고 이수하도록 권장하였습니다."(B학교장)

B학교장의 응답을 통해 나타난 것처럼 B학교장은 다문화교육 기반 구축 강화 정책의 실천을 위해 교원연수의 대상을 학교에서 다문화 업무를 담당하는 교사와 관리자, 그리고 다문화 업무를 담당하지 않는 교사로 세분화하는 특징을 보였다. 이를 기반으로 다문화 업무를 담당하는 교사와 관리자에게는 의무적으로 다문화교육 연수를 이수하도록 하였다. 뿐만 아니라 B학교장은 교원연수의 강화를 위해 다문화 업무를 담당하지 않은 교사들에게도 다문화에 대한 인식과 다문화적 소양 증진을 위해 전문교육기관의 위탁연수를 적극 권장함으로써, 학교의

교원 전체를 대상으로 한 연수를 통해 다문화교육 기반 구축 강화 정책을 실천하는 것으로 나타났다.

다음은 D학교장의 응답이다.

"우리 학교에서는요, 인천광역시 교육연수원의 '너, 나, 우리가 통하는 다문화 세상 만들기'라는 주제로 찾아가는 맞춤형 직무연수에 공모해서, 이를 운영함으로써 교사 연수의 질을 향상시키고 있습니다."(D학교장)

"또 우리 학교에는 60여 명 정도의 교원이 있는데요, 이 중 대부분은 경인교대와 서울교대로 가서 연수를 받았습니다."(D학교장)

"그리고 오프라인 위탁연수에 참가하지 못한 교사들은 온라인으로 참여할 수 있도록 지원하고 있고, 교사들도 열정적으로 참여하고 있습니다."(D학교장)

D학교장의 응답들에서 나타난 것처럼 D학교장은 다문화교육 기반 구축 강화 정책의 실천을 위한 교원연수 강화의 방법적인 측면에서 특징을 보인다. 먼저, 운영하는 학교의 교육연수원 공모에 지원하여 적극적으로 노력한 결과 공모에 선정되어 교사 연수를 운영하고 있었고, 교원의 대부분을 다문화교육 전문기관인 경인교육대학교와 서울교육대학교에 위탁연수를 실시하였으며, 이상의 연수에 참여하지 못한 교사들이 온라인으로 참여할 수 있도록 지원하였다. 또한 D학교장의 마지막 응답에서 '교사들도 열정적으로 참여하고 있다'는 표현에서 다문화교육 기반 구축을 위한 교원연수 강화에 대해 학교장의 정책 실천 의지를 엿볼 수 있었다.

둘째, 교원연수를 강화하기 위한 연수의 형태는 '다문화교육 현장 연수'의 유형으로, 응답자 중 A학교장이 실천하고 있었다. 다음은 A학교장의 인터뷰 응답 내용이다.

"다문화교육 선진지를 탐방하여 우수사례 및 다문화교육활동의 정보를 공유했던 것은 본교의 효율적 적용을 위한 벤치마킹이 가능하였고 이러한 교사의 직무연수 활동은 다문화 이해 교육을 위한 교사의 다문화 인식 및 다문화교육 수업활동의 전문성을 강화하기 위하여 효과적으로 활용되었다."(A학교장)

A학교장의 응답에서 나타난 것처럼, A학교장은 다문화교육 선진지역 탐방을 통해 학교 현장의 교육자인 교사들의 다문화 인식 개선과 수업활동의 전문성 강화를 모색하였을 뿐만 아니라, 이러한 형태의 연수가 자연스럽게 학교의 효율적 적용으로 이어지는 결과로 이끌었다는 점에서 이상적인 정책 실천의 경로를 보이고 있음을 알 수 있다.

세 번째는 '전문가 초빙 연수'의 유형으로, B학교장과 C학교장이 실천하는 것으로 나타났다. 다음은 B학교장의 응답이다.

"다문화교육을 위해 학년 초에 학교 전체 차원으로 창의적 체험활동 시간 배당 및 다문화 언어강사와 함께하는 수업방법을 협의하였고, 교과서 다문화 관련 차시를 추출하여 융합지도 연수를 학년별로 실시하였다."(B학교장)

B학교장의 응답에서 나타난 것처럼, B학교장은 학교 구성원 전체를 대상으로 다양한 교육 프로그램을 모색한 것으로 나타났고, 교수방법에 있어서 다문화 언어강사와 함께하는 방법을 협의한 것으로 보아, 학생들의 언어적 어려움 해소에 초점을 둔 것으로 보인다. 또한 교과서 다문화 관련 차시를 추출하여 융합지도 연수를 학년별로 실시했다는 점에서 B학교장의 다문화교육 기반 구축 강화를 위한 교원연수 강화 정책에 대한 실천의지가 높다고 볼 수 있다.

다음은 C학교장의 응답이다.

"한국어(KSL) 교육과정 적용에 대한 연수를 외부 전문가 ○○○을 초청하여 전문성 확보를 위해 노력하였다."(C학교장)

B학교장의 응답뿐만 아니라 C학교장 경우에도 마찬가지로 외부 전문가를 초빙하여 연수를 진행한 것으로 보아, 학생들의 언어적 어려움을 해소하기 위한 교원연수 방법으로 나타났다.

마지막으로 '자체 연수'의 유형은 B학교장과 C학교장이 실천한 것으로 나타났고, 다음은 B학교장과 C학교장의 응답이다.

"다문화교육을 위한 인적 자원의 역량 강화를 위하여 학교 차원에서 전체 교직원 연수, 교사 개인별 직무연수를 실시하였습니다."(B학교장)

B학교장의 응답을 보면, 다문화교육 역량 강화를 위해 전체 교직원과 교사 개인별 직무연수를 병행한 것으로 보아, 자체 연수가 체계적으로 실시되는 것을 알 수 있다.

"교사의 다문화교육력 강화를 위한 교원 연수를 월별로 주제를 정하여 자체 연수를 하였습니다."(C학교장)

"학교 자체적으로 한국어(KSL) 지도를 위한 교사의 전문성 확보를 위한 수업방법 협의, 교육과정 연수, 학년 수준에 맞는 다양한 수준별 다문화교육 지도방법 및 프로그램 개발을 위해 한국어 교육과정 내용 체계 및 성취기준을 단계별로 위계화하였습니다."(C학교장)

C학교장의 응답을 보면, C학교장은 교사의 교육능력 강화를 위해 월별로 주제를 정하여 자체 연수를 실시하였고, 학교 자체적으로 한국어(KSL) 지도를 위한 교사의 전문성 확보 방안을 모색하였다. C학교장의 자체 연수 운영은 앞서 언급한 학생들의 언어적 어려움의 해소를 위한 전문가 초청 연수 방법에서 나아가, 학교 자체적으로 한국어(KSL) 지도 방안을 조직적 및 체계적 프로세스 구축을 위해 노력한다는 점에서 특징을 보인다.

2) 다문화교육 사이버 지원센터 운영 분야

'다문화교육 사이버 지원센터를 운영하고 있는가?'라는 질문에 대해 다음과 같은 응답을 보였다.

> "다문화교육 사이버 지원센터의 운영은 필요하다고 보지만, 학교 예산으로 충당하기에는 어려움을 안고 있어서 운영은 하지 못하는 실정입니다."(모두 응답)

A, B, C, D학교장의 응답에서 나타난 바와 같이, 다문화 사이버 지원센터의 운영이 필요하다는 의견을 모았지만, 재정적 어려움 때문에 현실적으로 운영하는 것은 엄두를 내지 못하고 있음을 알 수 있다. 이것은 학교장들이 실천 의지를 보였지만, 현실적 어려움으로 운영하지 못한다는 점에서 다문화교육을 위한 기반이 취약하다는 것을 의미한다고 볼 수 있다. 또한 기타 의견으로 학교장들은 인천에 유입되는 이민자의 수가 날로 증가하고 있어, 사이버 지원센터의 운영을 적극적으로 주장하였다.

3) 다문화가정 상담센터 운영 분야

'다문화가정 상담센터를 운영하고 있는가?'라는 질문에 대해 응답자들 중 D
학교장만이 실천을 하고 있는 것으로 나타났다. 다음은 D학교장의 응답이다.

"저희 학교의 경우에는, 다문화가정 상담센터를 별도로 운영하고 있지는 못하지
만, Wee센터에서 함께 운영을 하고 있습니다."(D학교장)

D학교장의 응답에서 나타난 바와 같이 학교, 교육청, 지역사회가 연계하여
학생들의 건강하고 즐거운 학교생활을 지원하는 다중의 통합지원 서비스인 Wee
센터에서 함께 운영을 하고 있다는 점에서, 다문화가정 상담센터의 실천 의지를
보임과 동시에 필요성을 인식하고 있는 것으로 분석될 수 있다.

4) 다문화교육 연구회 운영 분야

'다문화교육 연구회를 운영하고 있습니까?'라는 질문에 대해 C학교장만이
실천하고 있었고, 다음은 C학교장의 응답이다.

"학교 홈페이지에 「연구학교」 코너를 개설하고, 교사 연수 및 교수 · 학습 자료와
학생들의 학습 결과물을 탑재하여 공유하고 교사들이 이를 활용하여 연구학교 운영
을 원활하게 하도록 하였다."(C학교장)

C학교장의 응답을 보면, 학교 홈페이지에 「연구학교」라는 코너를 개설하여

이것의 결과물을 학생과 교사 모두 원활하도록 하고 있지만, 온라인의 형태에 그치고 있어 오프라인 형태의 연구회는 운영하지 못하는 것으로 나타났다.

또한 기타 의견으로 D학교장은 다음과 같이 응답하였다.

"다문화교육 연구회 운영은 특별히 하지 못하지만, 다문화교육 연계, 5차원 연수, 다문화 클럽 활동, 연구회 활동들은 적극 지원하고 있다."(D학교장)

D학교장의 응답을 보면, 다문화교육 연계, 5차원 연수, 다문화 클럽 활동, 연구회 활동들은 적극적으로 지원하지만, 다문화교육 연구회 운영은 특별히 하고 있지 못하다는 의견을 보이고 있다. 이는 학교장은 다문화교육 연구회의 운영의 필요성을 인지하고 있지만, 현실적인 운영에 어려움이 있음을 나타낸다.

5) 다문화교육 학부모 자원봉사단 운영 분야

'다문화교육 학부모 자원봉사단을 운영하고 있으십니까?'라는 질문에 대해 응답자 중 D학교장만이 실천하는 것으로 나타났으며, 다음은 D학교장의 응답이다.

"다문화교육 학부모 자원봉사단 운영은 조직적으로 회장과 총무를 두어 교육활동에 보조적인 역할을 하고 있어 2013학년도에 실시한 좋은 학교 박람회 때에도 자원봉사를 해주었다. 그 밖에도 체험학습 할 때 교사의 보조 역할을 많이 해주고 있다."
(D학교장)

D학교장의 응답을 분석해 보면, 다문화교육 학부모 자원봉사단의 운영이 조

직적으로 이루어지고 있고, 교육활동에 보조적인 역할을 담당하고 있을 뿐만 아니라 다문화 관련 학교 행사에 적극적으로 참여하는 것으로 나타나 다문화교육 학부모 자원봉사단의 운영이 학교 운영에 효과적인 것으로 나타났다.

6) 다문화 전담 코디네이터 운영 분야

'다문화 전담 코디네이터를 운영하고 계십니까?'라는 질문에 대해 응답자들 모두 다음과 같이 응답하였다.

"다문화 전담 코디네이터의 운영에는 공감하지만, 현실적으로 실천하기에는 어렵다고 봅니다."(모두 응답)

A, B, C, D학교장의 모두 응답에서 나타난 바와 같이, 다문화 전담 코디네이터의 운영이 필요하다고 의견을 모았지만, 현실적 실천에 애로를 겪고 있음을 알 수 있다.

3.
다문화가정 학생 맞춤형 교육 지원 영역

　　Birch & Ladd(1997)는 학교 적응을 학교 환경에 대한 아동의 지각과 감정이며, 특히 아동이 학교 환경에 관심을 가지고 참여하고 편안해하고 성공하게 되는 정도라고 하여 학생의 지각과 감정의 관점에서 정의하고 있다. 이와 같은 정의에 근거하면, 학교 적응은 고정된 구성개념이 아니라, 구성원 간의 상호작용에 의한 역동적 과정인 것이다.

　　한정애(2009)는 다문화가정 초등학생의 학교 적응과정 분석에서 학교 적응(school-related adjustment)의 개념을 학생이 학교의 수업과정과 상황에서 지적·정의적·심리운동적 발달을 위해 능동적으로 참여하는 것이며, 학생이 학교에서 접하게 되는 여러 가지 교육적 여건을 자신들의 요구에 적합하게 변화시키거나 학습자들 스스로가 학교에서의 모든 여건을 바르게 받아들여 수용하는 것을 의미한다. 전재천(2000)은 학교 생활을 하며 접하게 되는 교육 환경에 순응하거나, 교육적 환경을 자신의 욕구에 맞게 변화시키는 것이라고 하였다.[1]

---

1)　학교 적응의 개념이란 학생, 교사, 학급생활 등의 관계에서 자신의 욕구를 합리적으로 해결하여 만족감을 느끼고 조화 있는 관계를 유지하며 학생들 및 교사와의 관계에서 만족스러운 상태로 적응해 가는 사회화 과정으로 정의한다(탁현주, 2011).

다문화교육은 획일적인 방법으로는 결코 실효성을 거둘 수 없다. 다문화교육 대상 학생들의 출신 국가도 다르고, 각각 처해 있는 상황도 다르기 때문에 수요자를 고려한 맞춤형 교육이 절대적으로 필요하다고 할 수 있다. 이를 돕기 위해 인천광역시교육청에서는 여러 유형의 맞춤형 일대일 교육을 실시하고 있으며, 이들의 사회 적응을 원활하게 도울 수 있는 여러 가지 사업을 진행 중이다. 교육 전반에 관한 교육청의 정책 방향과 가능성 고찰에 대하여 심층 인터뷰를 실시하였으며, 이에 대한 분석결과는 다음과 같다.

1) 인천한누리학교 운영 분야

"인천한누리학교에 대한 운영을 알고 있는가?"에 대한 질문은 학교장 모두 알고 있다고 답은 하였으나, 인천광역시교육청이 추진하는 공립형 다문화 대안학교가 한국 최초의 공립형 다문화 대안학교임을 고려할 때, 그 성공 여부가 초미의 관심이 된다고 하면서 다른 지방자치단체의 다문화교육정책에 큰 영향을 줄 것으로 예상한다고 답하였다.

2) 벨트형 다문화교육 중심학교 운영

"벨트형 다문화교육 중심학교를 운영하고 있는가? 운영하고 있으면 어떻게 운영하고 있는가?"에 대한 답변은 다음과 같다. A학교장과 D학교장은 다음과 같이 이야기하였다.

"벨트형 다문화교육 중심학교 운영을 하지 못하였다."(A학교장)

"벨트형 다문화교육 중심학교 운영을 2011년도에 하였다."(D학교장)

"다문화 서부-5 지역 벨트 학교(가현초, 경명초, 서곶초, 신석초, 신현북초, 양지초, 청라초, 해원초)와 연계한 무지개 교육 프로그램 및 다문화교육활동을 운영하여 다문화 배경 학생의 한국어 능력 및 생활 적응력을 향상하였다. 2011년부터 2012년까지 중심학교로 지정받아 운영을 하였으며, 2011년부터 다문화 이해 교육 및 체험활동과 다문화가정 결연활동, 상담활동, 한국어 지도를 지속적으로 전개하여 학교생활 적응력을 높였다."(C학교장)

C학교장의 응답을 보면, 교육공동체와 연계하여 한국어 능력 및 생활 적응력 향상에 중점을 두고 벨트형 중심학교를 운영하였다. 다음은 B학교장의 인터뷰 내용이다.

"벨트형 다문화교육 중심학교를 2013년 3월 1일부터 2015년 2월 28일까지 운영할 예정이고, 기존 세대가 가지고 있는 인종 및 문화, 경제적 가치 등에 따른 차별과 편견을 극복하고 모두가 차별을 넘어 함께 공존하는 어울림 세상을 만드는 것을 목표로 다양한 프로그램 운영을 하고 있다."(B학교장)

B학교장의 인터뷰 내용으로 보아 타 문화에 대한 안목을 기르고 아름다운 공동체 생활을 할 수 있도록 서부-4 지역 벨트형 학교가 동시에 '다문화 주간' 및 학예 행사 운영을 할 계획을 가지고 있다고 말하였다.

다문화 중심학교 운영이 벨트형으로 잘 운영이 되는 반면, 아직 인근 지역 다문화학생을 위한 방과 후 프로그램 및 창의적 체험활동을 통하여 한국어, 이중언어, 상호이해교육, 방학 중 캠프 운영 등의 활동이 미흡한 것으로 나타났다.

3) 글로벌 선도학교 운영 분야

"글로벌 선도학교를 운영하고 있으면 어떻게 하고 있는가?"라는 질문에 D학교만이 운영하고 있다고 하였으며 다음과 같이 말하였다.

"일반 학생을 대상으로 다문화교육의 이해와 인식 변화를 위하여 학교 자체적으로 프로그램을 계획하여 운영하였다. 왜냐하면 다문화가정에 대한 연구는 개인이나 학교에서 많이 하고 있지만 일반 학생을 대상으로 연구를 추진한 사례는 많지가 않다. 모두를 위한 교육을 함으로써 편견과 터부적인 생각으로 불쌍한 나라라는 연민의 생각보다는 하나의 국민임을 알게 하는 것이 더욱 중요하다고 생각하였다."(D학교장)

4) 다문화 이중언어 강사 배치 운영 분야

"다문화 이중언어 강사 배치 운영은 하고 있는가? 운영하고 있다면 어떻게 하고 있는가?"에 대한 질문에 다음은 D학교장의 인터뷰 내용이다.

"다문화 이중언어 강사는 중국 사람 1명이 있고, 별도로 자체 예산을 세워 일본 강사 1명을 더 채용하여 교육활동에 투입하였다."(D학교장)

"강사 활동은 전교생이 모두 혜택을 받을 수 있도록 정규수업시간에 재량활동이나 창의·인성 시간으로 배정하였다. 그와 같은 활동으로 전교생이 중국어를 조금씩은 하고 있지만, 하면 할수록 어려움을 느끼고 있다."(D학교장)

D학교장의 응답에서 나타난 것처럼 다문화 이해를 위한 다문화 이중언어 교육을 실시하려고 글로벌 선도학교로 배정받기 전부터 노력을 하였으나 뜻대로 되지 않았다고 하였다. 다음은 C학교장의 인터뷰내용이다.

"2012년에는 다문화 이중언어 강사를 활용한 한국어 집중지도, 이중언어 지도를 효율적으로 운영하고 교과 및 재량시간을 활용한 다문화 이해 교육 프로그램 10차시를 개발하여 지도하였다."(C학교장)

"다문화 이중언어 강사 배치를 다문화에 활용하기 위하여 기본 10차시 프로그램을 개발하였으며, 이를 각 학년 수준에 맞게 재구성하여 운영하였다."(C학교장)

"학년별 밀도 있는 수업을 위하여 월별로 다문화 이중언어 강사를 학년에 배정하였으며, 각 학년에서는 교과와 연계하여 수업시간을 구성한 후 수업보조를 받아 다문화 이해 교육을 실시하고 있다."(C학교장)

C학교장의 응답에 나타난 바와 같이 다문화 이중언어 강사를 활용한 교과연계 다문화 이해 프로그램 운영에 집중하여 다문화에 대한 개방성과 수용성 및 존중성을 향상하기 위하여 교육과정을 재구성하고 교과서를 분석하고 밀도 있는 수업을 운영하였다. 다음은 B학교장의 인터뷰 내용이다.

"다문화 중심학교로 지정되어 다문화 이중언어 강사(일본어)를 배치받았고, 다문화

교육 프로그램 및 벨트학교 파견 교육 프로그램을 구성하여 실시하고 있다."(B학교장)

B학교장은 학년별 창의 체험활동을 통한 다문화 이해 교육을 위하여 이중언어 강사 수업 지원을 하고 있다고 말하였다.

위의 인터뷰 내용으로 보아 다문화 이중언어 강사를 활용한 다문화 이해 수업은 다문화에 대한 편견과 차별의 벽을 허무는 데 기여했으며, 더 나아가 글로벌 시대에 맞는 인간상을 구현하는 시발점이 되었다. 하지만 학교별 다문화학생의 국적 및 일반·다문화 학생의 다문화 이중언어 교육 수요를 반영하여 학기 시작 전에 다문화 이중언어 강사를 배치하려고 하였으나 A학교처럼 중심학교임에도 강사를 배치받지 못한 실정이다.

5) 또래 친구 및 일대일 교사 결연제 운영

"또래 친구 및 일대일 교사 결연제를 운영하고 있는가? 운영하면 어떻게 운영하고 있는가?" 이에 답변은 다음과 같다.

"또래 친구 및 일대일 교사 결연제 운영에 대하여는 다문화가정 학생들의 학교생활을 위하여 가장 현실성 있는 교내 지원활동으로 또래 학생과 교사의 결연활동으로 학교생활 적응을 지원하고 있다. 본교 다문화가정 학생 13명에 대하여 자원과 희망을 받아 또래 친구 일대일 결연을 추진하였다."(A학교장)

"또래 친구에게서 학습 및 생활에 대한 도움을 얻을 수 있도록 하였으며, 친구 집에서 하루 생활하기, 친구와 체험활동 함께 하기 등을 통하여 교우관계에서의 친밀

도를 높이고 심리적 지원을 받을 수 있도록 하였다."(A학교장)

"담임교사를 중심으로 한 1학생 1교원 자매결연을 통한 밀착지도를 통하여 학생의 인성지도와 상담을 비롯하여 학습지도 및 생활지도를 지속적으로 실시하고 있다. 그리고 학생의 희망에 따라 학교 여건이 허락하면 담임교사 외에도 결연 교사를 연계하여 지원하고 있다."(A학교장)

A학교장은 또래 관계에 어려움을 겪을 수 있는 다문화가정 학생들이 일반 가정 학생들과 결연을 통해 학교생활을 즐겁게 할 수 있도록 돕고자 하였고, 일반 학생들의 다문화에 대한 이해의 폭을 넓히고자 진지한 노력을 하였다. 이를 통하여 A학교장은 학생들이 교내외 생활에서 고립되거나 정체되어 있지 않고 심리적 안정감과 유대감을 얻을 수 있도록 하였다. 또한 또래 결연 학생을 중심으로 학생들과의 원활한 교류가 이루어질 수 있도록 유도하는 데 효과를 얻을 수 있었다. 다음은 D, C학교장의 인터뷰 내용이다.

"또래 친구 및 일대일 교사 결연제 운영은 친구랑은 하지 못하고 교사와는 하고 있다."(D학교장)

"또래 친구 만들기를 일대일로 결연을 맺어 상호간 생활 및 학습에 도움을 주고 정서적으로 교류도 하고 문화체험 학습을 실시하였다."(C학교장)

"본교는 다문화가정 학생들의 학교생활 적응을 위하여 또래 결연 제도를 운영하였다. 본교 다문화가정 학생 15명에 대하여 신청을 받아 또래 친구 일대일 결연을 추진하고, 이를 통하여 또래 친구에게서 학습 및 생활에 대한 도움을 얻을 수 있도록 하였다."(B학교장)

"매월 다문화교실 무지개반에서 추진하는 모든 체험활동에 함께 참가할 수 있게 하여 교우관계에서의 친밀도를 높이고 심리적 지원을 받을 수 있도록 하였다."(B학교장)

B학교장의 인터뷰를 통해 알 수 있는 것과 같이 다문화가정 학생은 또래 친구 결연을 통해 자연스럽게 공동체의 일원으로 속하게 되었으며 학교생활을 즐겁게 하고 있고, 다문화 배경 학생과 일반 학생들의 다문화에 대한 개방성과 수용성 및 존중성을 향상시켰다는 것을 알 수 있었다. 한국 문화 이해를 위한 현장 체험활동 및 무지개 또래 결연제 운영으로 다양한 체험활동을 경험함으로써 서로에 대한 편견을 없애고 이해하는 기회를 갖고자 애쓰고 있었다.

6) 상담 및 진로 · 인성지도 강화 분야

"상담 및 진로 · 인성지도를 강화하고 있는가? 하고 있으면 어떻게 하고 있는가?"에 대한 답변은 다음과 같다.

"상담 및 진로 · 인성지도 강화를 위하여 본교는 다문화가정 학생 13명에 대한 인적 관리를 담당하는 교원을 배정하여 다문화가정 학생들에 대한 전반적인 관리 업무를 추진하도록 하였다."(A학교장)

"다문화가정 학생은 일대일 결연을 맺은 담임교사를 비롯하여 다문화가정 학생 전담교사와 자신의 신상문제 및 진로사항에 대한 지원을 받을 수 있었다."(A학교장)

A학교장의 응답에서 나타난 것처럼 다문화가정 및 학생과 상담활동을 통해 그들의 어려운 점을 파악하여 문제 해결에 도움을 주고, 한국 생활에 대한 두려움을 없애는 데 도움이 되도록 A학교장은 진지한 노력을 하고 있었다. 다음은 D학교장의 인터뷰 내용이다.

"중도입국 학생들이 문제지, 처음부터 입학한 아동은 큰 문제는 없다. 그렇지만 학년이 올라갈수록 뒤처지는 학생이 많이 생긴다. 엄마의 언어 소통 부족으로 알림장이나 과제 전달이 되지 않아 부진학생이 생기기 시작하는 것 같다. 유치원이나 입학 초에는 말보다는 활동 위주로 생활하니까 별 문제가 없다."(D학교장)

D학교장의 인터뷰에서 나타난 바와 같이 가정환경 조사 및 지속적인 상담 실시로 학교생활 적응을 위한 지원활동과 인성 진로 프로그램을 활용한 진로 찾아 주기를 지속적으로 운영함으로써 다문화가정 학부모가 자녀의 학교생활 적응에 도움이 되도록 안내하고 학생들이 학교생활에 도움이 되도록 운영하였다. 다음은 C학교장의 인터뷰 내용이다.

"다문화가정 학생과 학부모의 생활 적응력을 향상하여 학교생활 및 사회 적응을 도모하기 위하여 일반가정학생과 학부모, 본교 교사가 서로 연결된 결연활동을 하였다."(C학교장)

"다문화가정 학부모와 학생의 희망을 우선 고려하였으며, 결연 활동을 통해 한국의 문화를 배우고 생활 적응력을 향상할 수 있었다."(C학교장)

C학교장은 다문화가정과 교사 간 결연 활동과 생활 및 학습상담 진로지도를 지속적으로 하여 사회적 역량을 강화하기 위하여 결연 활동을 지속적으로 운영

하였다. 다음은 B학교장의 인터뷰 내용이다.

> "담임교사가 다문화학생의 심층 상담을 연 4회 의무적으로 하고 일지를 기록하고 관리하게 함으로써 학생의 학습지도 및 생활지도를 하였다."(B학교장)

> "학생들이 다문화가정에 대한 국한된 교육 프로그램이 아닌, 일반 친구들과 더불어 모두 함께 즐길 수 있는 프로그램으로 인식하도록 하였다."(B학교장)

> "다문화 담당 교사와 담임교사가 연계하여 다문화학생의 상담 및 인성 지도를 하고 있으며, 학기 중 2회, 방학 중 2회 상담을 의무적으로 하게 하여 일지를 작성하여 지속적으로 관리하도록 하였다."(B학교장)

B학교장의 응답에서 나타난 바와 같이 다문화교실 '무지개 마을' 및 다문화 상담센터(학부모 상담주간 운영)를 설치하여 다문화가정의 학생들에 대한 정서, 교육지원 프로그램으로 인간적인 유대감 증대와 학업에 자신감을 가지게 하여 학교생활 적응과 학습동기를 향상시킬 수 있도록 운영하였다.

다양한 체험학습 프로그램을 통해 여러 가지 여건으로 함께하기 어려운 가족들이 비용이나 교통편에 대한 부담 없이 가족끼리 행사에 참여할 수 있어 가족들과 돈독한 정을 쌓을 수 있도록 학교장들이 노력하고 있었다.

7) 대학생 멘토링제 운영 분야

"대학생 멘토링제를 운영하고 있는가? 운영하고 있으면 어떻게 운영하고 있는가?"에 대한 답변으로 A학교장은 다음과 같이 답하였다.

"대학생 멘토링제 운영은 경인교육대학교의 지원으로 학기 중과 방학기간을 이용하여 실시하였다."(A학교장)

"경인교육대학교의 의뢰 요청에 따라 본교에서 희망하는 다문화가정의 신청을 받아 실시 기간 및 장소를 협의하고, 이에 따라 다문화가정 학생 3명이 대학생 멘토 5명으로부터 교과 및 생활 영역에서의 도움과 지원을 받았다."(A학교장)

A학교장의 응답에서 나타난 것처럼 멘토와 멘티 일대일 결연 형식으로 맺어 학습력 향상 및 상담활동을 통한 자존감 회복에 도움을 주고자 대학생 멘토링제를 운영하여 다문화가정의 학생들이 보다 학교생활에 친숙해지도록 노력하고 있었다. 다음은 D학교장의 인터뷰 내용이다.

"경인교대 대학생과 일대일로 공부하면서 학생들은 멘토 선생님과 자신의 고민을 털어놓기도 하면서 인간적 유대를 쌓았다. 멘토 선생님은 학생들의 교재를 마련하여 주고 부족한 부분을 알기 위해 먼저 진단 평가를 보았다."(D학교장)

"학생들은 처음에는 어색하고 불편해했지만 서로의 취미, 인적사항을 묻고 대답하면서 서로에 대해 조금씩 알아가기 시작했고, 대부분 멘토 선생님들이 친절하다는 반응을 보였다."(D학교장)

D학교장은 방학 중에는 일대일 국어, 수학, 영어 학습지도를 하고, 학기 중에는 일대일 국어, 수학 학습 지도를 하여 학부모의 호응이 매우 높아 학생들이 가능한 시간으로 멘토링 운영을 하였다. 다음은 B학교장의 인터뷰 내용이다.

"대학생 멘토링제는 경인교육대학교의 지원으로 학기 중과 방학기간을 이용하여 실시하였다."(B학교장)

"경인교육대학교의 의뢰 요청에 따라 본교에서 희망하는 다문화가정의 신청을 받아 실시 기간 및 장소를 협의하고, 이에 따라 다문화가정 학생 2명이 대학생 멘토 2명으로부터 교과 및 생활 영역에서의 도움과 지원을 받았다."(B학교장)

B학교장의 인터뷰를 통하여 희망하는 다문화학생을 파악하여 학기별 2회 멘토링을 실시하여 학습전략을 안내하고 학교생활 적응력을 키우기 위해 자신감과 자존감을 향상 시킬 수 있도록 대학생 멘토링제를 실시하였다.

담임교사와 멘토가 멘토링 결과 정보를 공유하고 쌍방향으로 의견을 교환할 수 있도록 '대학생 멘토링 관리시스템'을 구축하고 운영하여 멘토링 교사이면서 동시에 자신들의 이야기를 들어줄 수 있는 친한 언니, 형으로서의 역할을 행함으로써 사회성 신장에도 도움을 주고 있음을 알 수 있었다.

8) 연합체험학습 실시

"연합체험학습을 실시하고 있는가? 실시하면 어떻게 실시하고 있는가?"에 답변은 다음과 같다.

"연합체험학습은 다문화가정 학생을 위한 연합체험학습 프로그램으로 다문화 거점학교 및 중점학교에서 실시하는 사업에 따라 1~2개월에 1회 정도 다양한 체험학습이다."(A학교장)

"희망인원의 신청을 받아 추진하였고, 체험학습의 성격과 유형에 따라 다문화가정 부모동반 체험학습 유형도 있고, 학생만 참여하는 유형도 있다. 또한 또래 및 결연가정 학생과 학부모가 동반 참여하는 체험학습도 실시하기도 하였다."(A학교장)

"참여하게 된 학생과 학부모의 경우 경제적으로 부담이 없는 경우가 대부분이어서 반응이 매우 긍정적이었다. 프로그램의 기획과 추진 내용에 대한 만족도도 높은 편이었다."(A학교장)

A학교장의 응답에서 나타난 것처럼 다양한 체험활동과 현장 문화체험 학습을 통해 한국 생활 및 전통문화 이해, 또래 친구, 교사, 결연가정과의 교류를 통한 상호 이해 증진을 위하여 연합체험 학습을 하였다. 다음은 D학교장의 인터뷰 내용이다.

"과학체험관이나 다문화 영화 관람과 같이 체험활동영역을 다양화하여 다문화가정 학생들이 다문화 수업에 대하여 긍정적 인식을 갖게 하였다."(D학교장)

"일반 가정 학생들이 함께하는 체험활동을 통해 다문화 인식의 변화를 꾀하였다. 연합체험학습 실시는 벨트형 중심학교를 운영한 바 있어 본교에서 운영하고 있다. 차 한 대가 움직이는데, 예산이 되는 대로 하고 있어 일 년에 두세 번 하고 있으며, 본교에서 정산을 하고 있다."(D학교장)

D학교장은 다문화가정 및 결연가정이 함께하는 다양한 문화체험 활동을 통해 우리의 문화에 대하여 깊이 있는 이해를 유도하도록 하였다. 다음은 C학교장의 인터뷰 내용이다.

"유관기관과 협조체제를 구축하여 연구학교 운영에 대한 지도 조언을 받았다."(C
학교장)

"다문화교육 관련 기관과 협조체제를 구축하여 컨설팅 및 자료 지원으로 원활하
게 한국어 교육과정(KSL)을 운영하고 다문화 배경 학생 및 일반 학생을 대상으로 한
프로그램을 체계적이고 효율적으로 운영하였다."(C학교장)

C학교장은 학생과 학부모가 다양한 다문화 체험 프로그램에 참여하여 문화
적 정체성 형성과 더불어 생활적응력을 향상하기 위하여 연합체험 학습을 실시
하였다. 다음은 B학교장의 인터뷰 내용이다.

"다문화가정 학생을 위한 연합체험학습 프로그램은 다문화 거점학교 및 중점학교
에서 실시하는 사업에 따라 매월 1회 정도 다양한 체험학습이 실시되었고, 희망인원
의 신청을 받아 추진되었다."(B학교장)

"체험학습의 성격과 유형에 따라 다문화가정 부모동반 체험학습 유형도 있고, 학
생만 참여하는 유형도 있다. 또한 또래 및 결연 가정 학생과 학부모가 동반 참여하는
체험학습을 실시하기도 하였다."(B학교장)

"다문화가정 학생들과 일반 학생들을 또래 결연하여 다양한 체험활동을 경험함으
로써 서로에 대한 편견을 없애고 이해하는 기회를 가졌다."(B학교장)

B학교장의 인터뷰 내용처럼 다문화가정 학생들에게 전통문화 프로그램, 현
장 체험활동 프로그램, 학습지원 프로그램 등을 운영하여 학교생활 및 사회생활
적응력을 높이도록 운영하였다. 위의 일회성 행사가 아닌 지속적인 다양한 문화

체험 활동을 통해 가정과 학교와의 유대 관계를 높이게 되었으며 체험활동을 통한 한국인으로서의 정체성을 지니도록 노력하고 있음을 알 수 있었다. 또한 다양한 문화체험 활동에 결연가정이 함께함으로써 이웃으로서의 정을 느끼고 지역사회의 구성원이라는 인식을 심어 줄 수 있었다.

9) 다문화 글로벌 인재 양성

"다문화 글로벌 인재 양성을 위하여 애쓰고 있는가?"에 대한 답변으로는 D학교만이 다문화가정 학생 중 소수의 안정적인 가정의 학생만이 영재학급에 배정받았다고 하였다.

10) 중도입국 자녀를 위한 예비학교 운영 분야

"중도입국 자녀를 위한 예비학교 운영을 하고 있는가?"에 대한 답변은 어느 학교도 운영하는 곳이 없었다(모두 응답).

11) 취학 전 예비학교 운영 분야

"취학 전 예비학교를 운영하고 있는가?"에 대한 답변은 다음과 같다.

"취학 전 예비학교 운영은 본교의 경우 취학 전 신입생에 대한 파악에서부터 어려움이 있었다. 신입생 예비소집일(1월 중 실시)을 계기로 학생에 대한 학교 차원의 1차 파악이 이루어지는데, 이때 다문화가정 학생임을 파악하기가 쉽지 않은 것이 현실이다."(A학교장)

"학부모 측에서 자발적으로 알려오지 않는 경우 학교에서는 파악하기가 힘든 경우가 많다. 따라서 일선학교에서는 예비학교 운영 대상자가 없는 것으로 파악되나 실제로 입학 후 다문화가정 학생임을 알게 되는 경우도 있었다."(A학교장)

A학교장의 응답에서 나타난 것처럼 다문화가정 자녀들의 교육격차 해소와 집단 따돌림 예방 교육, 정상적인 학교생활을 영위할 수 있고, 다문화가정 실태 파악과 이들이 자신감과 책임감을 가지고 자기가 속한 사회의 구성원으로서 역할을 다할 수 있도록 취학 전 예비학교 운영을 하고 있었다. 다음은 D학교장의 인터뷰 내용이다.

"취학 전 예비학교 운영은 유치원을 통해서 한글이나 한국 문화 소개, 기본 한글, 학교 적응에 대한 교육을 다문화가정 학생들을 위하여 하고 있다. 알림장 및 가정통신문 보는 방법, 학교 홈페이지 활용하는 방법을 안내하였다."(D학교장)

D학교장의 인터뷰에서 나타난 바와 같이 초등학교 입학을 앞둔 다문화가정 학부모 및 학생들에게 학교에 적응하는 다양한 방법을 제시하여 취학 전 예비학교 운영을 하였다. 다음은 C학교장의 인터뷰 내용이다.

"취학 전 예비학교 운영을 위하여 다문화교육 요소를 적용하여 운영함으로써 일반 학생들의 다문화 이해 교육과 함께 다문화 배경 학생의 생활 적응력을 향상할 수

있도록 하였다."(C학교장)

C학교장의 응답처럼 신학년도에 입학할 예비 초등학생 및 학부모를 대상으로 예비학교 운영을 2월 중 학교 사정에 따라 2~3일 정도 계획하여 실시하였다.

4.
다문화가정 학부모의 교육역량 강화 영역

홍정미(2008)는 다문화가정 자녀의 학교생활 적응에 영향을 미치는 생태계 변인 연구에서 학교생활 적응에 가장 영향력의 큰 변인은 가정환경이며, 외국인 부모의 한국어 수준이 아동의 학교생활 적응에 영향을 미친다고 하였다. 부모와의 우호적이고 적극적인 의사소통이 이루어진다고 지각할수록 자녀의 학교 적응이 잘 이루어진다고 하였다.[2]

이러한 관점에서 볼 때 다문화가정 부모의 한국어 수준과 학생의 한국어 수준 등 의사소통능력은 학생의 학교적응에 영향을 미칠 수 있다. 그러므로 다문화교육은 대상 학생을 교육하는 것에서 끝나는 것이 아니라, 그 학생을 양육하는 학부모를 위한 여러 가지 도움이 동시에 이루어져야 더 큰 효과를 이룰 수 있을 것이다. 이들의 학부모 역시 현재 대한민국에서 다문화가정으로서 살아가는 것에 큰 어려움을 겪고 있기 때문이다. 교육청의 다문화교육정책과 가정의 양육방법이 같이 맞물려 진행된다면 다문화가정 학생의 사회 적응 및 학습 지도 등에 큰 도움이 될 수 있을 것이다. 또한 다문화가정에 대한 이해 증진을 위하여 정책적 지원

---

[2] 부모의 한국어 수준이 낮아 한국어 의사소통 수준이 낮으면 자녀의 학교생활 적응이 낮은 것으로 나타났다(오성배, 2007).

에 대하여 학교장들의 실천 의지를 다음과 같이 살펴보았다.

1) 무지개 가족 결연

"무지개 가족 결연을 하고 있는가?"에 대해서 다음과 같이 답변하였다. A학교장은 다문화가정 학생이 학교생활을 즐겁게 할 수 있도록 무지개 가족 결연을 맺게 하고 있었다. 다음은 A학교장의 인터뷰 내용이다.

"다문화가정 학생 대 또래 친구 결연을 통해 자연스럽게 공동체의 일원으로 속하게 또래 친구, 교사, 결연가정과의 교류를 통한 상호 이해 증진을 위해 한누리반 학생 및 학부모와 일반 학생 가족과의 인연을 맺도록 하여 학교생활을 즐겁게 할 수 있도록 하였다."(A학교장)

A학교장의 응답을 통해서 나타난 것처럼 A학교장은 다문화가정 학생들의 결연 희망에 따라 자연스럽게 또래 친구 맺기를 하여 학교생활을 즐겁게 할 수 있도록 학부모와도 연이 닿도록 하였다. 다음은 D학교장의 인터뷰 내용이다.

"'누리아해와 함께하는 무지갯빛 세상'을 운영하면서 결연가정과 함께하는 다문화 활동을 통하여 다문화가정 학생 및 학부모는 모두가 함께하는 이웃이라는 생각을 갖게 되었고…"(D학교장)

"'누리아해와 함께하는 무지갯빛 세상'을 운영하면서 결연가정 또한 다문화가정이 일반 가족과 크게 다르지 않다는 생각을 가지도록 하였다."(D학교장)

D학교장의 응답을 통해서 나타난 것처럼 D학교장은 다문화가정 학생과 학부모가 일반 가정과 다르지 않다는 생각을 가질 수 있도록 무지개 가족 결연을 맺게 하고 있다. 다음은 B학교장의 인터뷰 내용이다.

> "매월 1회 다문화가정 학생들과 일반 학생들을 또래 결연하여 다양한 체험활동을 경험함으로써 서로에 대한 편견을 없애고 이해하는 기회를 가졌고…."(B학교장)

> "방과 후 다양한 문화교실을 운영하여 다양한 특기 신장 및 체험활동을 실시하여 학생들의 특기 및 적성을 개발하도록 하였다."(B학교장)

B학교장의 응답을 통해서 나타난 것처럼 B학교장은 한국 문화 이해를 위한 현장 체험활동 및 무지개 또래 결연제를 운영하여 학생들의 특기 및 적성을 개발하는 데 특별한 의지를 보였다.

2) 학부모 상담주간 운영

"학부모 상담주간을 운영하고 있는가? 운영하고 있으면 어떻게 운영을 하고 있는가?"에 대한 답변은 다음과 같다. A학교장은 다문화가정 및 학생과 학부모의 상담활동이 그들의 어려운 점을 파악하여 문제해결에 도움을 주고 한국 생활에 대한 두려움을 없애는 데 도움을 줄 수 있어 상담주간을 운영하고 있었다. 다음은 A학교장의 인터뷰 내용이다.

> "학부모 상담주간 운영은 학교에서 계획한 학부모 상담주간 운영계획에 의거하여

1년에 2회 정도 운영하고 실시하였다."(A학교장)

"또한 학부모의 상담은 희망에 따라 실시하였으며, 학생에 대한 이해의 폭을 넓히고 학생의 학교생활 및 가정생활에 대한 정보를 공유하는 계기가 되었다."(A학교장)

A학교장의 응답을 통해서 나타난 것처럼 A학교장은 상담주간을 이용하여 다문화가정의 학부모가 학교를 방문할 수 있도록 시간적 안배를 특별히 하여 담임교사와의 면담시간을 갖도록 하였다. 이 기간을 이용하여 학생의 학교생활과 가정생활의 어려움을 이해하는 계기가 되어 서로를 이해하는 장이 됨을 알 수 있었다. 다음은 D학교장의 인터뷰 내용이다.

"학부모 상담주간 운영은 정해놓고 하지만, 생계형 다문화가정이 다수 있는 관계로 관심 있는 분만 오고 있다."(D학교장)

"또래 집단에서 따돌림을 당하는 학생들이 있는데, 그들은 머리에 이가 많다거나, 몸에서 냄새가 난다 등 학교생활에 적응을 하지 못하는 학생들의 학부모와 상담을 하다보면 학부모마저도 숙제를 왜 내주냐고 반문을 하는 경우가 많다고 한다."(D학교장)

"초등학교에서는 노는 것이 정상이라고 한다며 이해할 수 없다는 부모가 많이 있었다."(D학교장)

D학교장의 응답을 통해서 나타난 것처럼 D학교장은 무지개 예비학교, 다문화가정 학부모 상담 활동을 통하여 다문화가정 학부모가 자녀의 학교생활 적응에 도움이 되도록 안내하고 그 결과 학생들의 학교생활 적응에 도움이 되도록 학부모 상담주간을 운영하였다. 다음은 B학교장의 인터뷰 내용이다.

"학부모 상담주간 운영은 학교에서 계획한 학부모 상담주간 운영계획에 의거하여 학년 초에 실시하였다."(B학교장)

"학부모의 상담 희망 일정에 따라 실시되며, 학생에 대한 이해의 폭을 넓히고 학생의 학교생활 및 가정생활에 대한 정보를 공유하는 계기가 되었다."(B학교장)

B학교장의 응답을 통해서 나타난 것처럼 B학교장은 교사, 일반 학생, 학부모들에게 서로 다름을 이해하고 더불어 살아가려는 마음가짐을 갖추도록 하고 담임과 담당 교사와 연계하여 생활지도 및 상담활동이 원활하도록 운영하고 있었다.

3) 다문화가정 학부모 한국어반 운영

"다문화가정 학부모를 위한 한국어반을 운영하고 있는가? 운영을 하고 있으면 어떻게 운영하고 있는가?"에 대한 답변은 다음과 같다. D학교장은 'KSL 교육과정' 및 '학교가 좋아요' 교재를 활용하여 이야기를 읽고 생각을 발표하는 활동 위주의 한국어 수업을 실시하고 있었다. 다음은 D학교장의 인터뷰 내용이다.

"학부모를 대상으로 한 한국어 수업을 지원하기 위하여 수요를 조사한 결과 몽골, 베트남, 일본 배경의 다문화가정에서 학부모 한국어 수업을 희망하였다."(D학교장)

"인근 지역사회 다문화가정 학부모 중 우즈베키스탄 배경의 다문화가정에서도 한국어 수업을 함께 받기를 희망하여 본교에서 다문화가정 학부모 대상 한국어 수업을 지원하였다."(D학교장)

"다문화가정의 학생들의 공통점은 다문화가정이라는 티를 내지 않으려고 애쓰고 있는 것이다. 언어와 풍습에 대해 배우라고 권유해도 잘 나오지 않는다. 더구나 동아리 운영은 매우 힘들다. 왜냐하면 같은 나라 사람들이 많지 않고 각 나라별로 인원이 적고 생계형이 많으니 동아리 활동은 엄두도 내지 못한다."(D학교장)

D학교장의 응답을 통해서 나타난 것처럼 D학교장은 다문화가정의 학부모에게 한국어 지도를 하려는 강한 의지를 보이며 인근 지역사회 다문화가정 학부모까지 신경을 쓰고 있음을 알 수 있었다. 다음은 C학교장의 인터뷰 내용이다.

"다문화가정 학부모를 위한 한국어반 운영은 ○○초에 재학하고 있는 베트남, 중국 어머니, ○○초에 재학하고 있는 이라크 어머니, ○○초에 재학하고 있는 요르단 어머니 모두 네 명으로 구성된 한국어반을 운영하고 있다."(C학교장)

C학교장의 응답을 보면, 한국어 교실의 구축 및 한국어 교육 환경을 조성하여 다문화 배경 학생들의 한국어 능력 및 생활 적응력을 향상할 수 있는 기반을 마련하였고, 벨트학교와 연계한 한국어 교육으로 인근 학교의 학생과 학부모들이 한국어(KSL) 교육과정을 적용한 교육을 받을 수 있도록 한국어 교육을 실시하고 있었다. 다음은 B학교장의 인터뷰 내용이다.

"다문화가정 학부모 한국어반 운영은 2013년 5월부터 2013년 11월까지 운영하였다. 운영 방법은 다문화교육 중심학교 무지개반 프로그램의 일부로 매월 3회 한국어 교실 학부모반을 운영하였다. 국립국어원에서 발행한 표준한국어를 기본교재로 하고 한국어 능력 시험(토픽)을 부교재로 하여 2명의 학부모님을 지속적으로 지도하였다."(B학교장)

B학교장의 응답을 보면, 한국어 의사소통에 어려움을 겪는 다문화 학부모를 대상으로 한국어반을 운영하였다. 한국어 교육과정의 운영으로 다문화 배경 학생의 한국어 능력을 향상시켜 정규수업에서의 학업 성취도 향상에 도움을 주었으며, 한국어 학급 운영을 위한 실질적인 경험을 축적하였음을 알 수 있었다.

4) 다문화가정 학부모 교육 프로그램 운영

"다문화가정 학부모를 위한 프로그램을 운영하고 있는가? 운영하고 있으면 어떻게 운영하고 있는가?"에 답변은 다음과 같다.

"다문화가정 학부모 프로그램 운영은 본교의 경우 다문화가정 학부모 자모회를 결성하였다."(A학교장)

"그러나 이에 소속감을 가지고 참여할 수 있는 시간적 여유와 심리적 토대가 충분하지 못하여 참여하는 학부모는 전체 10가족 중 5가족 내외였고, 모임 시간도 대부분 7시 이후에 정해야 했다. 실제적으로 연 1~2회 실시하였다."(A학교장)

"그러나 참석한 학부모의 경우 출신 나라가 달라도 다문화가정에서의 자녀교육이란 공통분모를 통하여 서로에게 유익한 정보를 나눌 수 있고, 학교 교육활동의 원활한 추진을 위한 소통의 자리가 되기도 하였다."(A학교장)

A학교장의 응답을 통해서 나타난 것처럼 A학교장은 다문화가정 부모님과 다양한 체험활동을 함께 하면서 다문화가정 어머니들과의 이해의 장을 넓히는 기

회를 가지도록 하였지만 운영상에 어려운 점이 있었다고 애로점을 말하였다. 다음은 D학교장의 인터뷰 내용이다.

"다문화가정 학부모 교육 프로그램은 학교 설명회와 연계하여 다문화정책 추진학교 운영에 대하여 학부모가 이해하고 활동에 동참할 수 있도록 안내하였다."(D학교장)

"본교는 중국어 · 일본어 강사를 활용하여 매주 수요일 학부모 대상 이중언어 교실을 운영하였다."(D학교장)

"다문화가정에 대한 바른 이해를 돕기 위해 국제결혼가정을 이룬 중국 동포를 강사로 초빙하여 문화와 풍습에 대한 연수를 실시하였다. 한국 요리는 기반이 잡히지 않아 실습하기 어렵다."(D학교장)

D학교장의 응답을 통해서 나타난 것처럼 D학교장은 다문화가정 학부모를 대상으로 한 문화교실과 중국어 · 일본어 교실 등이 한국어 학습능력 향상에 도움이 되도록 하였고 학부모의 의사소통능력 향상과 가족 기능을 강화하도록 운영하고 있었다. 다음은 C학교장의 인터뷰 내용이다.

"다문화가정 학부모 교육 프로그램 운영은 학부모 총회 때, 학교 교육활동 공개의 날을 이용하여 연수하였고, 가정통신문으로 다문화교육의 이해와 문화에 대하여 많은 연수 자료를 제공하였다."(C학교장)

"다문화가정 학부모 교육 프로그램 운영 중에 교사 · 학생 · 학부모 상호 결연 및 멘토링제를 운영하여 다문화가정 학생과 학부모의 생활적응력을 향상하여 학교생활 및 사회 적응을 도모하기 위하여 일반 가정 학생과 학부모 및 본교 교사가 서로

연결된 결연활동을 하였다."(C학교장)

"다문화가정 학부모와 학생의 희망을 우선 고려하였으며, 결연 활동을 통해 한국의 문화를 배우고 생활적응력을 향상할 수 있었다. 학생과 학부모가 다양한 다문화 체험 프로그램(장구 만들기, 바다 그리기 행사 참가, 뮤지컬 공연 관람, 월미공원 모내기 체험, 한지로 사각상자 만들기 등)에 참여하여 문화적 정체성 형성과 더불어 생활적응력을 향상하도록 하였다."(C학교장)

C학교장의 응답을 보면, 다문화가정 학부모가 다양한 다문화 체험 프로그램에 참여하여 문화적 정체성 형성과 더불어 생활적응력을 향상하기 위하여 운영하고 있었다. 다음은 B학교장의 인터뷰 내용이다.

"다문화가정 학부모 프로그램 운영은 본교의 경우 다문화가정 학부모를 대상으로 매월 1회 요리교실을 운영하였다."(B학교장)

"요리 활동을 하면서 일반 가정의 도우미 어머님들과 소통할 수 있는 기회를 가지고, 요리 활동이 끝난 후에는 희망할 경우 이중언어 강사님과의 상담활동을 하도록 하였다."(B학교장)

"이를 통해 자녀 교육에 대한 유익한 정보를 나눌 수 있었고, 학교생활에 대한 궁금한 점이나 어려운 점을 상담하여 학교생활 적응에 도움이 되었다."(B학교장)

"다문화교육을 위한 인적 자원의 역량강화를 위하여 … 학부모 연수를 실시하였다."(B학교장)

"학부모의 다문화 인식개선을 위한 연수를 실시하였다. 학년 초에 국가인권위원회의 강사를 초청하여 다문화가정의 학부모들과 일반 가정의 학부모들이 함께 다문화 인권교육을 실시하였다."(B학교장)

B학교장의 응답을 통해서 나타난 것처럼 B학교장은 일회성 행사가 아닌 지속적인 다양한 문화체험 활동을 통해 가정과 학교와의 유대관계를 높이려고 하였으며, 체험활동을 통한 한국인으로서의 정체성을 다지도록 하기 위하여 다문화가정 학부모를 위한 프로그램을 운영하였다.

5) 다문화 학부모 동아리 운영

"다문화 학부모 동아리를 운영하고 있는가?"에 대해서 다음은 A학교장의 인터뷰 내용이다.

"냅킨에 인쇄되어 있는 예쁜 그림을 골라 원하는 소품에 붙이는 공예로서 '테코파주'라는 공예에 속한 기법으로 냅킨 아트로 분리된 공예 분야이다. 이 기법을 이용하여 가정에서 쓸 수 있는 소품을 만들어 큰 호응을 얻고 있다."(A학교장)

A학교장의 응답을 보면, 다문화가정 학부모의 문화적 차이에서 오는 갈등 문제를 해소하고, 다문화가정 및 일반 가정 학부모의 상호 이해 증진을 도모하고자 공예 활동을 통한 동아리 프로그램을 운영하였다.

5.
다문화 이해 제고 및 확산

다문화교육은 다양한 사회적 · 문화적 배경을 지닌 사회구성원들의 평등한 교육의 기회를 갖도록 교육과정의 변화를 추구하고 다양성을 인정하고, 사회적 편견과 고정관념에 대처할 수 있는 증력을 길러 주는 교육이다(서종남, 2010). 각기 나라마다 역사적 · 사회적 배경이 다르기 때문에 다문화교육의 정책도 다를 수 있다.

지금까지의 다문화교육정책 관련 연구들은 거시적인 관점에서 국가 수준 정책의 시행 여부나 효과에 대한 연구와 단위 학교의 특정 주제에 대한 효과 정도를 파악하는 연구학교 보고서 등이 대부분을 차지하고 있다. 하지만 다문화교육에 대한 방향성은 각 학교의 특성에 맞게 수정되어야 하며, 학교의 특수성은 학교장의 역할 및 역량에 따라 많이 좌우된다고 할 수 있다.

기존에 이루어진 연구들은 다문화교육정책의 효과에만 초점을 맞추어 진행되었지만, 학교장과의 연관성을 관련지어 연구한 논문은 전무한 실정이다. 다문화교육정책은 근시안적인 단기 정책으로는 큰 성과를 거두기 어렵다. 해가 거듭될수록 다문화가정이 증가되는 현실은 이제 부정할 수 없게 되었기에 장기적인 안목을 가지고 여러 가지 인식 전환을 위한 노력이 절실하다고 할 수 있다. 이에 따라 인천광역시교육청에서는 연구 · 정책학교를 중심으로 다양한 시도를 하고 있으며, 사회 전반적으로 다문화를 수용하고 공감할 수 있는 분위기 형성에 많은 노력을 기울이고 있다. 이러한 긍정적 변화에 학교장들의 호응도를 알기 위하여 다음과 같이 살펴보았다.

1) 다문화교육 연구 · 정책추진학교 운영

"다문화교육 연구 · 정책추진학교를 운영하고 있는가?"에 대하여는 연구 · 정책추진학교를 운영하는 학교가 두 곳이고, 다문화 중심학교를 운영하는 학교가 두 곳이다. 먼저 A학교장의 답변은 다음과 같다.

> "본교는 2013년 현재 서부교육지원청 다문화교육 중심학교 및 거점학교로 지정 운영 중에 있다."(A학교장)

> "본교는 현재 정책학교이면서 선도학교를 운영하고 있다."(D학교장)

> "다문화가정에 대한 학교생활 적응 지원과 더불어 결연가정과 함께하는 다양한 문화체험 및 활동을 통하여 다문화가정과 일반 가정이 서로를 이해하도록 하는 교육 의 변화가 필요하다. 그래서 '다름을 인정하고 함께하는 세상 만들기'라는 프로그램 을 운영하여 다문화교육에 대한 긍정적 인식을 고취시키고 있다."(D학교장)

D학교장의 응답을 통해 나타난 것처럼 다문화학생들과 일반 학생들이 어우

러져 함께 공부할 수 있는 다문화 친화적인 학교 문화를 구축하고, 다문화에 대한 이해 · 소통 성장을 돕는 글로벌 인재 육성 프로그램을 구안 · 적용하며 교사 · 학생 · 학부모 · 지역 공동체가 다같이 어울림 세상으로 나아가기 위한 함께하는 다문화 체험활동과 프로그램을 전개하는 연구 · 정책학교를 운영하였다. 다음은 C학교장의 인터뷰 내용이다.

"본교의 다문화교육 연구 · 정책학교 운영을 실시한 결과 시사점은 다음과 같다. 첫째, 다문화학생의 배경(중도입국, 외국인가정, 결혼이주민 등)에 따른 특성을 정확히 분석하고 이에 적합한 프로그램을 개발 · 적용해야 한다. 둘째, 학생의 특성에 맞는 정확한 진단도구를 사용하지 않아 적절한 한국어 지도를 하지 못하고 있어 다문화학생을 위한 한국어 능력 진단도구 활용이 요구된다. 셋째, 제2외국어로서의 한국어(KSL)를 학습하는 학생을 위한 교육과정의 재구성과 효율적인 적용을 위한 특별 학급의 편성이 필요하다. 넷째, 일상생활에서의 상황을 모의 체험하며, 한국어 능력 부족에 따른 학습부진 해소를 위한 한국어(KSL)를 학습할 수 있는 전용 교실이 필요하다. 다섯째, 다문화교육의 효과적 운영을 위해서는 교과 교육활동뿐만 아니라, 창의적 체험활동을 비롯한 학교 교육활동 전반을 통하여 운영되어야 한다."(C학교장)

C학교장의 응답에서 나타난 바와 같이 유관기관과 협조체제를 구축하여 연구학교 운영에 대한 지도 조언을 받았으며 다문화교육 관련 기관과 협조체제를 구축하여 컨설팅 및 자료 지원으로 원활하게 한국어 교육과정(KSL)을 운영하고 다문화 배경 학생 및 일반 학생을 대상으로 한 프로그램을 체계적이고 효율적으로 운영하였다. 다음은 B학교장의 인터뷰 내용이다.

"다문화 이해 제고 및 확산 영역에서 살펴보면 다문화교육 연구 · 정책추진학교 운영을 한 것이 아니고 본교는 중심학교를 운영하고 있다."(B학교장)

"교사, 일반 학생, 학부모님들에게 서로 다름을 이해하고 더불어 살아가려는 마음 가짐을 갖추도록 훈화시간, 학부모회의 때 인식을 높이도록 하고 있다."(B학교장)

B학교장의 응답에서 나타난 바와 같이 다문화교육 프로그램은 기조 세대가 가지고 있는 인종 및 문화, 경제적 가치 등에 따른 차별과 편견을 극복하고 모두 가 차별을 넘어 함께 공존하는 어울림 세상을 만드는 데 기여하였다. 다문화가정 의 학생들에 대한 정서, 교육 지원 프로그램으로 인간적인 유대감 증대와 학업에 자신감을 가지게 하여 학교생활 적응과 학습동기를 향상시키는 데 노력한 의지 가 역력하였다.

2) 다문화 이해 교육 강화

"다문화 이해 교육을 강화하고 있는가? 하고 있으면 어떻게 강화하고 있는 가?"이에 대한 답변은 다음과 같다. A학교장은 다문화 거점학교 및 중심학교를 운 영하면서 학교 교육과정과 연계한 다문화 이해 교육을 실시함으로써 교사 및 모 든 학생이 다른 문화를 존중하고 이해하는 사회 환경을 조성하고 언어, 피부색, 인종이 다르더라도 차이를 인정하고 함께 어울려 살아갈 수 있다는 인식의 변화 를 시도하고자 운영하고 있었다. 다음은 A학교장의 인터뷰 내용이다.

"다문화 이해 교육 강화를 위하여 본교는 다문화교육 중심학교를 추진하면서 '통 합적 경험 중심의 다문화 이해 교육을 통한 글로벌 시민의식 함양'이라는 연구주제 로 다문화가정 학생과 일반 가정 학생을 대상으로 한 다문화 이해 교육을 전개하였 다."(A학교장)

"다문화 이해 교육의 교수-학습의 질적 전문성 신장을 위하여 다문화 시민성의 6개 지도요소를 중심으로 학생들의 통합적 경험을 재구성하였다."(A학교장)

"또한 다문화 이해 교육의 궁극적 목적인 다문화 시민성 함양을 위한 다양한 체험 프로그램을 실시하였다. 다문화 이해 탐구활동, 다문화 체험 행사활동, 지역사회와 연계한 다문화 지원활동 등으로 구분하여 모든 학생들이 체험하며 내면화 할 수 있도록 전개하였다."(A학교장)

A학교장의 응답에서 나타난 것처럼 다문화교육을 바라보는 다양한 입장에서 학생들이 학교에서 평등한 성취 기회를 갖도록 다방면으로 애쓰고 있는 흔적이 역력하였다. 다음은 D학교장의 인터뷰내용이다.

"다문화 이해 교육을 위하여 학부모, 교사, 학생, 주변 학생 등의 공동체를 위하여 외부강사를 초청하여 한국 문화, 궁궐에 관한 예절, 한국의 역사 등에 대하여 강의를 듣고, 국제 이해 교육을 많이 했다. 강사가 나라별로 그 나라 전통의상을 입고 학년별로 다니면서 강의를 하였다."(D학교장)

"다문화 이해 교육의 실행에 앞서 다문화교육 운영을 위한 물리적 공간 시설을 마련하고 복도 및 교실 환경을 다문화적인 환경으로 정비함으로써 다문화 이해 교육을 위한 학습 분위기를 조성하였다."(D학교장)

"다문화 아침 방송과 다문화 그림 그리기 대회 등의 교내 대회를 추진하면서 활동 과정에서 전교생이 다문화에 대한 인식을 바꾸는데 많은 도움이 되도록 하였다."(D학교장)

D학교장의 응답을 보면 D학교장은 학교 구성원들이 다문화가정과 타문화에 대한 편견을 감소시키고 모든 학생들이 다양한 구성원의 차이를 이해하고 존중하며 함께 살아가기 위한 민주시민의 자질을 익히도록 다양한 연수 활동을 통하여 다문화를 이해하는데 목적을 두고 운영하고 있었다. 다음은 C학교장의 인터뷰 내용이다.

"다문화 이해 교육 강화를 위하여 행사 활동을 통한 다문화 이해 교육을 대운동회, 학예회, 현장체험 등 학사일정에 의한 활동에 다문화교육요소를 적용하여 운영하였다."(C학교장)

"일반 학생들의 다문화 이해 교육과 함께 다문화가정학생의 생활 적응력을 향상할 수 있도록 하였다."(C학교장)

C학교장의 응답에서 나타난 것처럼 C학교장은 교과활동과 연계한 다문화 이해 교육으로 우리 문화와 함께 다양한 문화를 함께 학습하여 다문화가정 학생과 일반 학생들의 다문화에 대한 개방성과 수용성, 존중성을 향상하도록 운영하였다. 다음은 B학교장의 인터뷰 내용이다.

"다문화 이해 교육 강화를 위하여 창의적 체험활동 자율영역에 다문화 이해 교육 시간을 배당하고, 담임교사와 다문화언어 강사가 협력하여 세계 여러 나라의 인사, 세계의 전통음식, 여행을 떠나요(필리핀) 등 다문화 이해 교육과 다문화언어 강사 수업 지원을 실시하였다."(B학교장)

B학교장의 인터뷰에서 나타난 바와 같이 다양한 다문화교육 프로그램 운영을 통해 일반 학생들의 다문화에 대한 이해와 인식을 높이고, 서로 다름을 이해

하고 나눔과 배려를 배워 더불어 살아가려는 마음가짐을 갖추도록 운영하고 있었다.

위의 인터뷰 내용을 통하여 다문화 이해 교육 강화를 위하여 학생, 학부모들에게 서로 다른 국가와 민족 간의 상호 간 간접체험의 기회를 제공함으로써 서로를 폭넓게 이해할 수 있는 기회를 가질 수 있었으며, 다양한 다문화 이해 교육 프로그램의 적용으로 세계인이 되는 자질과 인성을 갖추도록 노력하는 모습을 엿볼 수 있었다.

3) 다문화 동아리 운영

"다문화 동아리 운영을 하고 있는가? 동아리 운영을 하고 있으면 어떻게 운영하고 있는가?"에 대한 답변은 다음과 같다. A학교장은 우리나라 사람들에겐 일상적이고 평범하기만 한 문화이지만, 외국인들이 우리 문화에 적응하기란 결코 쉬운 일이 아니며, 그렇다고 해서 무조건 외국인들을 한국의 문화에 적응시키려고 해서도 안 된다고 말하였다. 다문화 세상에서는 서로의 문화를 존중하고 생활하며 조율해 가는 것이 가장 바람직한 자세라는 점에서 동아리를 운영하고 있었다. 다음은 A학교장의 인터뷰 내용이다.

"다문화 동아리 운영은 2011년부터 본교에 교사 2인과 관심 학생들을 중심으로 다문화 동아리가 결성 추진되었다."(A학교장)

"다문화 관련 뉴스 소개, 학교활동, 체험활동 등을 실천하며 다문화교육에 대한 관심과 실천에 앞장섰다. 활동 및 취재 내용은 에듀넷을 통하여 '다 다른 것이 더 좋아'

라는 제목의 어린이신문으로 발행하였다."(A학교장)

"교사와 학생들의 자발적인 모임이라는 점이 활동의 순수성과 내용의 진정성을 높였고, 다문화교육 연구학교 활동을 통한 다문화교육에 대한 관심과 학생들의 변화를 나타내는 좋은 본보기라고 생각되었다."(A학교장)

A학교장의 응답에서 나타난 바와 같이 정규 수업이 아니더라도 학습자가 선택할 수 있고, 재미와 감동을 느낄 수 있는 다양한 활동으로 충분히 다문화 수업에 접근하고 있음을 알 수 있었다. 다음은 C학교장의 인터뷰 내용이다.

"다문화 배경 학생 중 한국어 학급 학생은 KSL 동아리 활동이 이루어지도록 하였다. 동아리 활동을 위한 교육과정 시수 편성을 하여 창의적 체험활동 동아리 활동을 매주 수요일 4교시 1~6학년이 동시에 운영할 수 있도록 배정하였다."(C학교장)

"학년별 밀도 있는 수업을 위하여 월별로 다문화언어 창의체험활동을 활용한 한국어(KSL) 동아리 활동, 다문화교육 활동으로 주 1시간을 확보하여 일반 학생에게는 다문화 이해 교육을 실시하고, 한국어(KSL) 특별 학급 학생은 KSL 동아리 활동으로 생활 한국어 능력(BICS) 향상을 위한 동아리 활동을 하였다."(C학교장)

C학교장의 응답처럼 C학교장은 다문화가정 학생들이 대한민국 국민으로서 생각하고 이질감을 갖지 않도록 하기 위해서는 이들에게 한국어와 한국 문화를 잘 익히도록 하고 부모의 문화를 인정해 주어 자존감을 갖고 학교생활을 할 수 있도록 동아리를 운영하고 있었다. 다음은 B학교장의 인터뷰 내용이다.

"본교는 방과 후 매주 1회 이중언어 강사의 지도로 일본어부 동아리를 운영하였

다."(B학교장)

　　B학교장은 세계문화 이해 교육을 통해 세상을 보는 넓은 안목과 글로벌 의식을 고양시킬 수 있도록 일본어부 동아리 활동을 운영하고 있었다.

　　위의 인터뷰 내용을 통하여 다양한 문화가 공존하는 세계화 시대를 이끌어갈 글로벌 리더십 함양과 다문화 이해를 통한 다문화 수용성 향상 및 문화정체성 확립을 위하여 좀 더 많은 노력을 하여 학교급별 창의적인 다문화 탐구활동을 전개해야 할 것이다.

4) 다문화교육 자료 개발

　　"다문화교육 자료를 개발하고 있는가? 어떻게 개발을 하였는가?"에 대한 답변은 다음과 같다.

　　A학교장은 다문화가정 학생들에게 우리 문화 체험활동을 통해 한국인으로서의 정체성을 강화할 수 있는 자료 개발과 일반 학생에게는 다문화 이해능력을 증진시켜 줄 자료를 개발하고 있었다. 다음은 A학교장의 인터뷰 내용이다.

　　"다문화교육 자료 개발은 다문화교육 중심학교 운영을 통하여 다문화교육 지도자료를 개발·보급하였다. '함께 걷는 무지개 세상'이란 표제를 가진 교재는 교사용과 학생용으로 분리·구성되었으며, 다양성, 문화, 평등, 편견 해소, 협력, 정체성 형성 등 6가지 요소를 바탕으로 학년별로 구성하였다. 이는 중심학교 공개보고회를 통하여 일반 학교에 자료로 제공되었다."(A학교장)

"자료 개발은 소개자료, 사례 위주의 책자를 만들었다."(D학교장)

A, D학교장의 인터뷰 내용으로 보아 다문화교실에 적합한 학습 자료의 개발이나 수업 방법 등 다문화 환경에서의 필요한 자료들을 개발하고자 노력하는 자세가 역력하였다. 다음은 C학교장의 인터뷰 내용이다.

"한국어 능력(CALP, BICS) 향상을 위한 지도 자료 개발로 한국어 표준교재를 활용하여 기본으로 1단원을 10차시로 2주에 지도하도록 교재가 개발되었으나, 학생의 수준과 본교 한국어 학급 프로그램에 맞게 단원 지도 계획을 수립하여 적용하였다." (C학교장)

"전체 학생이 다문화교육을 위한 한국어 표준교재 지도를 위한 교수학습 자료 및 워크북을 개발 적용하였으며 한국어 교육과정을 적용한 표준교재 지도서, 자료 등의 개발이 되어 있지 않아 표준교재 초급 18단원 전체에 대한 교수 · 학습 자료 및 워크북을 자체 제작하여 적용하였다."(C학교장)

"표준교재를 활용한 지도를 할 때 손쉽게 제작하여 활용할 수 있는 교수 · 학습 자료를 개발하여 수업에 활용하였다. 또한 학습내용을 보충할 워크북을 개발하여 한국어 표준교재를 활용한 학생 교육에 적용하였다."(C학교장)

"다문화 이중언어 강사를 활용한 교과 연계 다문화 이해 프로그램을 운영하였다. 본교에 배치된 다문화 이중언어 강사를 다문화에 활용하기 위하여 기본 10차시 프로그램을 개발하였으며, 이를 각 학년 수준에 맞게 재구성하여 운영하였다."(C학교장)

C학교장은 한국어 교육과정 운영을 위해 개발 중인 진단도구를 활용하여 본

교의 한국어(KSL) 교육을 희망하는 다문화 배경 학생을 대상으로 한국어 능력을 진단하고 분석하였으며, 한국어 교육과정 성취기준에 따라 초급(1, 2등급), 중급(3, 4등급)으로 구분하여 학습지도에 활용하며 자료를 개발하였다.

5) 다문화교육 우수사례 발표대회

"다문화교육 우수사례 발표대회를 개최하는가?" 개최하였다면 어떠한 방법으로 개최를 하였는가?"에 대한 답변은 다음과 같다.

> "본교의 다문화교육 추진사례는 2012년 제4회 다문화교육 우수사례 공모전에서 인천광역시교육청 최우수상을 수상하였으며, 전국 다문화교육 우수사례 공모전 장려상을 수상하였다."(A학교장)

A학교장의 응답에서처럼 A학교장은 다문화 이해 교육을 통하여 학생과 학부모들에게 서로 다른 국가와 민족 간의 상호 간 간접체험의 기회를 제공함으로써 서로를 폭넓게 이해할 수 있는 기회를 가질 수 있었으며, 다양한 다문화 이해 교육 프로그램의 적용으로 세계인이 되는 자질과 인성을 갖출 수 있도록 노력한 결과, 다문화교육 우수사례 공모전에서 당선될 수 있었다. 다음은 D학교장의 인터뷰 내용이다.

> "벨트형 다문화학교를 중심으로 학교 사례들을 발표하였으며, 다양한 글로벌 재능 육성 프로그램으로 방학을 활용하여 CPIK 중국어 원어민 강사가 운영하는 중국어 캠프를 운영하였다."(D학교장)

"다문화와 연계하여 운영한 학예회에서 학생들이 중국어 노래 공연을 하였다. 또한 폐품 및 다양한 재료를 활용하여 세계 여러 나라 건축물을 만들기 대회를 운영하였다."(D학교장)

D학교장의 인터뷰에서 나타난 바와 같이 D학교장은 다문화가정에 대한 편견을 없애고 다문화가정 학생 및 학부모가 지역사회와 학교생활에 잘 적응할 수 있도록 지원해 주는 것을 목적으로 활동을 실시한 결과 학생들은 각 수준에 맞게 그림이나 노래, 작품 등으로 생각한 것을 잘 표현했다. 이를 통해 보다 많은 학생들이 다문화에 관심을 갖고 알게 될 뿐 아니라, 주인공들의 상황과 감정을 통해 심적 변화를 유도하기 위하여 우수 사례를 발표할 기회를 가지게 되었다. 다음은 C학교장의 인터뷰 내용이다.

"급식을 통한 다문화 음식 체험으로 매월 영양 소식지에 세계의 음식 및 문화를 소개하고 매주 수요일에는 다문화 음식을 급식에 포함하여 음식 체험을 하여 다문화에 대한 이해를 높일 수 있는 교육을 하였다."(C학교장)

C학교장의 인터뷰 내용에 나타난 바와 같이 C학교장은 사회 전반적으로 다문화교육에 대한 관심과 중요성을 강조하였으며 더불어 다문화가정에 대한 인식개선의 노력은 절실해지고 있다. C학교장은 '다문화가정만을 위한' 서비스적인 다문화교육뿐만 아니라, 일반 가정과 학생들을 대상으로 하여 다문화사회로의 변화를 인식시키고, 사회 변화 속에서 조화로운 성장을 이룰 수 있도록 그 적응력을 제고하는 데 목적을 두고 우수사례를 소식지에 알렸다.

6) 다문화교육 학생 체험수기 공모전

"다문화교육 학생 체험수기 공모전을 개최하고 있는가?"에 대한 답변으로 D학교장만이 벨트형 다문화학교를 중심으로 다문화교육 학생 체험수기 공모전을 하여 발표회를 가졌다고 하였다.

7) 다문화교육 유공교사 표창

"다문화교육 유공교사 표창을 하고 있는가?"에 대한 학교장들의 주요 답변은 다음과 같다. 다음은 A학교장의 인터뷰 내용이다.

"2009년부터 다문화교육 중심학교 및 거점학교로서의 역할을 충실히 수행하여 다문화교육의 현장 정착에 이바지한 바를 인정받아 2011년 4월 본교의 학교장님과 다문화교육 담당교사 1인이 다문화교육 유공교사로 인천광역시교육청으로부터 표창을 받았다."(A학교장)

"본교는 2009년부터 중국어 배우기를 시작하였고, 저변 확대를 위하여 학교의 특색 사업으로 지정하여 다문화교육에 앞장서 왔다. 성과를 위한 교사에게 표창도 실시하고 있다. 그 밖에 본교에서 추진하는 사업은 국제교류를 중국과 하고 있으며 금년에 25명의 학생들이 중국을 다녀왔고, 내년에는 중국의 학생들이 본교를 방문할 예정이다."(D학교장)

D학교장의 인터뷰 내용을 살펴보면 D학교장은 학부모 상담과 자원봉사단

운영을 통하여 다문화가정이 학부모가 겪는 고충에 대한 이해와 해결 방법을 함께 찾는 과정에서 처음에는 경계심을 가지고 대하던 학부모도 마음을 열고 누리아해와 함께하는 무지갯빛 세상 활동에 협조적인 태도로 응원과 격려를 해주게 되었다. 학부모 자원봉사단 활동은 봉사활동과 더불어 일반 가정의 다문화가정에 대한 이해를 높이는 효과까지 끌어 올렸다. 중국 이중언어 교수요원을 강사로 하여 다문화가정 학생 및 결연가정 학생들에게 중국어 수업을 운영하였다. 다음은 B학교장의 인터뷰 내용이다.

"2013년 10월 제5회 다문화교육 우수사례 공모전에서 인천광역시교육청 최우수상(다문화교육 지원 부문)을 수상하였다."(B학교장)

B학교장은 매월 1회 다문화가정 학생들과 일반 학생들을 또래 결연하여 다양한 체험활동을 경험함으로써 서로에 대한 편견을 없애고 이해하는 기회를 가졌다. 또한 세계문화 이해 교육을 통해 세상을 보는 넓은 안목과 글로벌 의식을 고양시켰다.

6.
소결

네 명의 학교장을 대상으로 한 심층 인터뷰 결과, 다문화교육 기반 구축 강화 정책의 실천 실태는 다음 〈표 7-1〉과 같이 나타났다.

〈표 7-1〉 다문화교육 기반 구축 강화정책의 실천 실태

정책 세부 분야	A학교장	B학교장	C학교장	D학교장
교원연수 강화	○	○	○	○
다문화교육 사이버 지원센터 운영	×	×	×	×
다문화가정 상담센터 운영	×	×	×	○
다문화교육 연구회 운영	×	×	○	×
다문화교육 학부모 자원봉사단 운영	×	×	×	○
다문화 전담 코디네이터 운영	×	×	×	×

다문화교육 기반 구축 강화정책 실천에 대한 실태 파악을 위한 심층 인터뷰 내용을 분석한 결과 다문화교육 기반 구축 강화를 위한 정책 실천의 실태는 위 〈표 7-1〉에서 쉽게 파악될 수 있으며, 실천 실태의 특징에 따라 정리하면 다음과

같다.

첫째, 네 학교 모두에서 활발하고 원활하게 실천되고 있는 분야는 교원연수 강화 분야로 '전문교육기관 주관 온-오프라인 위탁연수', '다문화교육 현장 연수', '전문가 초빙 연수', '자체연수' 등의 연수 유형을 보였다.

둘째, 다문화가정 상담센터, 다문화교육 연구회 운영, 다문화교육 학부모 자원봉사단 운영 분야는 실천하고 있는 학교보다 못하는 학교가 많았으며, 이에 대한 원인으로는 재정적 문제에 따른 현실적 실천의 어려움이 있는 것으로 나타나, 이에 대한 지원방안의 모색이 필요하다고 보인다.

셋째, 다문화교육 사이버 지원센터 운영과 다문화 전담 코디네이터의 운영은 네 학교 모두 실천하지 못하는 것으로 나타났다. 하지만 학교장들 모두 운영의 필요성과 당위성은 인지하고 있어, 이에 대한 지원방안 또한 필요한 실정으로 나타났다.

네 명의 학교장을 대상으로 한 심층 인터뷰 결과, 다문화가정 학생 맞춤형 교육 지원정책의 실천 실태는 다음 〈표 7-2〉와 같이 나타났다.

〈표 7-2〉 다문화가정 학생 맞춤형 교육지원 정책의 실천 실태

정책 세부 분야	A학교장	B학교장	C학교장	D학교장
인천한누리학교 운영	○	○	○	○
벨트형 다문화교육 중심학교 운영	×	○	○	○
글로벌 선도학교 운영	×	×	×	○
다문화 이중언어 강사 배치 운영	×	○	○	○
또래 친구 및 일대일 교사 결연제 운영	○	○	○	×
상담 및 진로 · 인성지도 강화	○	○	○	○
대학생 멘토링제 운영	○	○	×	○
연합체험학습 실시	○	○	○	○
다문화 글로벌 인재 양성	×	×	×	○
중도입국 자녀를 위한 예비학교 운영	×	×	×	×
취학 전 예비학교 운영	○	×	○	○

위의 인터뷰 내용으로 다문화가정 학생 맞춤형 교육 지원에 대한 학교장의 다문화교육과정 운영 실태를 분석하면 다음과 같다. 다문화가정 자녀를 위해 다문화 이중언어 교수 요원을 배치하여 다문화 이중언어 교육 환경을 조성하려고 노력하고 있지만, 다문화가정 학생 맞춤형 교육 지원 부분에서는 다문화교육정책 시행에 아직 많이 못 미치고 있는 실정이다. 현재 재학하고 있는 다문화가정 학생들은 일상생활에서 언어로 인한 불편함이나 어려움을 겪지 않는다. 다만 한국어가 서툰 이주여성 어머니로부터의 학습지도 어려움으로 인하여 학업 성취에서의 부진을 나타내고 있다. 이들에게 필요한 것은 한국어 교육이 아니라, '국어 보충 혹은 심화 교육'임을 학교장들은 말하고 있다. 그러므로 다문화가정 학생과 대학생 멘토링 운영은 멘토의 역할로 기초학습 지도로 교과목에 대한 흥미도가 높아졌고, 학부모의 반응이 매우 좋아졌음을 알 수 있다.

네 명의 학교장을 대상으로 한 심층 인터뷰 결과, 다문화가정 학부모의 교육역량 강화정책의 실천 실태는 다음 〈표 7-3〉과 같이 나타났다.

〈표 7-3〉 다문화가정 학부모의 교육역량 정책의 실천 실태

정책 세부 분야	A학교장	B학교장	C학교장	D학교장
무지개 가족 결연	○	○	×	○
학부모 상담주간 운영	○	○	×	○
다문화가정 학부모 한국어반 운영	×	○	○	○
통 · 번역서비스 지원	×	×	×	×
다문화가정 학부모 교육 프로그램 운영	○	○	×	○
다문화 학부모 동아리 운영	○	×	×	×

위의 인터뷰 내용으로 다문화가정 및 학생과 학부모의 상담활동은 그들의 어려운 점을 파악하여 문제 해결에 도움을 주었으며, 한국 생활에 대한 두려움을 없애는 데 도움이 되고 있음을 알 수 있었다. 다문화가정 자녀들의 '학습결손'과

편견과 차별로 인한 학교 부적응 등의 문제점이 감소하며 은폐되어 있던 다문화가정 학생들 자신이 다문화인이라는 것을 밝히게 되었다.

다문화 학부모 대상 학부모 교육 실시, 일반 학부모와 다문화 학부모 간 상호 이해 및 교류 지원을 위한 설명회와 간담회를 실시하여 다문화가정 학생과 학부모가 함께 하는 다양한 활동을 통해 학부모는 자녀를 이해하고, 서로 상호작용하는 방법을 배워 긍정적인 가족관을 형성하도록 각 학교에서 노력하는 모습이 보였다.

D학교장은 학교에서 하는 것보다 다문화가족지원센터나 주민센터에서 활발히 하는 것 같다고 답하였다. 인천시 다문화교육정책 사업의 일환으로 다문화가정 학부모의 교육 역량 강화를 위한 학교장의 학교 운영 실태는 다음과 같이 정리할 수 있다. 인터뷰 대상 학교 중 A학교만이 동아리 프로그램을 운영하고 있어 기본계획에 따른 사업내용이 학교 내에서 이루어지는 활동보다는 주로 주민센터나 유관 기관을 연계해야 활동할 수 있음이 인터뷰를 통해서 알 수 있었고, 다문화교육이 실효를 거둘 수 있으려면 지역사회와 연계한 다문화 지원체제를 마련함으로써 바람직한 다문화교육의 성과를 거둘 수 있음을 알 수 있었다.

네 명의 학교장을 대상으로 한 심층인터뷰 결과, 다문화 이해 제고 및 확산 정책의 실천 실태는 다음 〈표 7-4〉와 같이 나타났다.

〈표 7-4〉 다문화가정 학부모의 교육역량 정책의 실천 실태

정책 세부 분야	A학교장	B학교장	C학교장	D학교장
다문화교육 연구 · 정책추진학교 운영	×	×	○	○
다문화 이해 교육 강화	○	○	○	○
다문화 동아리 운영	○	○	○	×
다문화교육 자료 개발	○	×	○	○
다문화교육 우수사례 발표대회	○	×	○	○
다문화교육 학생 체험수기 공모전	×	×	×	×
다문화교육 유공교사 표창	○	○	×	○

위의 인터뷰 내용을 통하여 다문화가정 학생과 일반 학생이 편견, 따돌림 없이 더불어 성장할 수 있는 교육 환경을 조성하여야 하는데, 아직은 다문화적인 친환경을 조성하는 데 열악한 환경과 다문화교육을 체계화·활성화할 수 있는 프로그램 구안과 적용이 미흡함을 알 수 있었다. 다문화사회에 대한 올바른 인식 제고를 통한 공동체의식 함양과 일반 학생을 대상으로 하는 학교급별 다문화교육 지도자료 보급을 위하여 다양한 형태의 자료를 개발해야 할 것이다.

또한 인천시 다문화교육정책의 사업의 일환으로 다문화 이해 제고 및 확산을 위하여 학교장의 운영 실태를 살펴보면, 학교마다 동아리 활동과 다문화교육을 위해 자료를 특색 있게 개발하였고, 다문화교육의 효과적인 운영을 위하여 다문화 관련 도서, DVD 등을 확충하여 학생, 학부모, 교사들이 함께 읽을 수 있도록 하고 있었다. 다문화사회와 관련하여 학생들의 올바른 인식을 함양하고 이에 맞는 가치와 태도를 함양하기 위하여 다문화와 관련된 다양한 교내 대회를 운영하고, 축제를 통하여 다문화교육에 대한 체험으로 학교 구성원뿐 아니라, 지역사회 주민들에게 확산할 수 있는 기회도 갖고 있었다. 하지만 다문화교육 학생 체험 수기 공모전은 아직 시행을 하지 못하고 있다. 이 또한 사회통합을 이루기 위해서 조속히 시행될 수 있게 노력을 해야 할 것이다.

위의 구체적인 사업 내용의 인터뷰에서 나타난 것처럼 인천시 다문화교육 정책 시행에 대해서는 50% 내외로 교육활동을 하고 있다. 현장에서 정책대로 활동하기에는 예산 편성, 정책 이해 부족, 다문화교육 관심 부족 등으로 실행하기가 어려운 실정이다.

B학교장은 다문화가정의 학생들을 거점학교로 보내서 연합체험학습을 실시하도록 하였지만, 끝나고 집으로 돌아올 때 바로 오지 않고 친구들과 어울리면서 문제아로 바뀌는 경우가 있어서 생활지도가 쉽지 않다고 하였다.

이를 해결하기 위해서는 다문화가정 학부모 맞춤형 교육 프로그램의 운영 및 다문화 학부모 동아리 운영에 중점을 두고, 학교장은 물론 교단에서 직접 지도

하는 교사들과 함께 교육계획을 수립하고, 관련 예산을 편성하며 지속적인 관심 속에 다음과 같이 학교장의 역할을 제시하고자 한다.

첫째, 학교장은 다문화가정의 학부모들을 한국어반으로 편성하고, 운영은 다문화가정 학부모 및 인근지역의 외국인을 대상으로 해야 한다. 한국어 사용능력에 따른 수준별 그룹을 편성하고 학교의 여건에 따라 주 1회 이상, 회당 1~2시간씩 학기별로 운영할 수 있도록 기획해야 한다.

둘째, 학교장은 교사들과 협의하여 다문화가정 학부모 맞춤형 교육 프로그램을 기획할 때 다문화가정의 학부모 의견을 반영하여 수립하고 운영하도록 도와주어야 한다.

셋째, 다문화 학부모의 동아리 운영은 다문화가정 학부모들로만 구성하지 말고 일반 학부모들도 함께 동아리에 참여하여 다문화가정의 학부모들이 우리 문화에 빨리 이해·적응할 수 있도록 해야 한다.

넷째, 특히 창의적 재량활동은 학교 특색으로 다문화교육을 활용할 수 있는 좋은 과목이라고 할 수 있다. 학교 나름의 특색 있는 교육과정을 탄력적으로 운영할 수 있다.

위와 같은 방법으로 점진적으로 동아리 활동을 활성화할 경우, 다문화교육 정책과 함께 폭넓은 다문화 체험활동을 통하여 새로운 이웃과의 소통은 물론 더불어 살아가는 우리로 다문화가정 자녀에 대한 이해의 폭을 넓혀 나갈 수 있을 것이다.

다문화교육을 시행하는 교사들의 다문화적인 태도와 인식의 개선, 그리고 다문화적인 수업환경에서 효과적으로 수업을 실행할 수 있도록 학교장의 바람직한 방향 제시가 필요할 것이다.

다문화교육의 효과를 높이기 위해서는 무엇보다 교사의 다문화 이해가 중요할 것이다. 따라서 다문화교육의 중요성을 교사가 인지할 수 있도록 연수를 강화해야 하며, 특히 체험연수를 통하여 그들의 삶을 이해하고, 함께 어울리며 부모를 이해하고, 자녀에게 관심을 갖고 지도할 수 있는 여건을 마련해 주어야 할 것이다.

지금까지 인천광역시교육청 다문화교육정책의 기본계획과 다문화 중심·연구학교를 운영하는 학교장과 정책 이행 수준을 분석하였다. 네 학교 모두 정책을 실행하기에는 여건상 어려움이 많고 실행할 엄두를 내지 못하여 학교 나름대로 학교 형편에 맞게 프로그램을 계획하여 운영하고 있었다는 것을 알 수 있었다.

VIII

학교 경영자의
다문화교육 실천을 위한 제언

본 연구의 목적은 다문화사회에서 제기되는 다문화교육에 대한 다양한 쟁점에 관하여 초등학교장의 인식을 살펴보고 난 후, 다문화교육의 활성화를 위한 초등학교장의 역할 및 다문화교육정책에 대한 이해와 실천 방안을 제시하고자 하는 데 있다. 우리 사회가 점점 빠르게 다문화사회로 진입하고 있는 과정이기 때문에 특히 학교 교육 내에서의 변화는 시급히 처리해야 할 과제가 되었다. 이에 본 연구자는 단위 학교의 수장인 학교장의 역할과 다문화교육의 실천 방안 및 학교장의 다문화 역량 강화를 위해 구체적이고 심화된 연구 결과를 도출하고자 하였다.

이러한 연구목적을 달성하기 위하여 두 가지 연구문제를 설정하였다. 첫째, 초등학교 교장들의 다문화교육에 관한 인식에 대하여 검증하였다. 둘째, 초등학교 다문화 중심·연구학교 학교장의 다문화교육에 대한 운영을 검증하였다. 각 장에서 다룬 내용을 요약·정리하면 다음과 같다.

2장에서 여러 학자들의 선행 연구를 학교장의 직무와 관련지어 조사하여 분석하였다. 학교장은 첫째, 교사와 학부모가 먼저 다문화교육에 관심을 가지도록 교육 리더가 되어야 하고, 둘째, 교육과정의 구성요소를 재구성 및 내용을 통합하여 모든 학생들의 지적·개인적·사회적 잠재력을 최대한 실현할 수 있도록 지원해야 하며, 셋째, 언어차별, 성차별, 인종차별, 계급차별이 없도록 공정한 교육을 진행하여 다양한 계층, 인종, 문화집단의 학생들에게 균등한 교육 기회를 제공해야 한다. 마지막으로 학교문화와 조직을 유연하게 운영하고 연수를 통해서 다문화를 이해하여 말이나 행동으로 실생활에서 실천할 수 있도록 해야 한다. 그러므로 다문화교육의 운영 관리자로서 학교장은 책무성을 가지고 다문화교육에 대한 인식을 제고해야 하며, 학교 교육을 통해 현실적으로 요구되는 다문화교육에 관심과 노력을 가져야 함을 알 수 있었다.

3장에서는 연구 결과의 일반성을 향상시키고 질적·양적 연구가 이론과 실천에 대한 보다 완전한 지식을 산출하는 데 도움이 되기 때문에 양적 연구 방법과 질적 연구 방법을 함께 사용하는 통합적 연구 방법을 논하였다. 양적 연구로서 초등학교 교장들의 인식 조사를 하고, 질적 연구로서 다문화 중심학교 교장들을 대상으로 한 심층 인터뷰를 실시하였다. 이를 통해 다문화학교 운영의 바람직한 방향을 모색하고자 하였다.

4장에서는 학교장을 대상으로 한 설문지 조사를 토대로 학교장의 다문화교육 전반에 관한 인식 실태를 다음과 같이 분석하였다.

첫째, 다문화교육을 위한 학교장의 인식이 매우 중요하며 더불어 다문화교육과 관련된 의사결정을 누가 내리고, 누가 어떻게 수행하는가에 대한 논의가 다문화교육의 역량 강화 대상을 규정하는 다문화교육정책의 한 측면으로 반드시 포함할 것이다.

둘째, 다문화교육 관련 연구는 교수학습 방법 및 모형, 교육과정 분석 연구와 더불어 다문화교육에 대한 인식 및 태도에 대한 논문이 2000년 이후 꾸준히 다루어지고 있으나 연구의 대상이 주로 유치원, 초등학교 및 중등학교 교사들에 치우쳐 있었다. 따라서 여러 변인들에 따른 심층 분석을 통해 연구 대상을 학교 관리자 등으로 확대시킬 필요가 있다.

셋째, 다문화교육과 관련한 선행연구를 통해 교사의 다문화적 인식이 학교 다문화교육의 성공을 좌우하는 중요한 요소라는 것을 알 수 있었다. 그러나 대부분 학교 교사들을 대상으로 한 다문화 및 다문화교육에 대한 인식 및 태도에 그쳐서 다문화교육의 학교문화 정착에 한계점이 드러났다. 따라서 다문화교육에 대한 의사결정권을 갖고 있는 학교 관리자와 교육 전문직 등을 대상으로 다문화교육에 대한 인식, 가치 태도 등을 파악하여 다문화교육의 활성화 방안을 연구할 필요가 있다.

5장에서는 인천광역시 다문화교육정책을 분석한 결과, 다문화가정과 그 자녀의 급격한 증가에 대비하여 다문화사회에 선제적으로 대응하는 다문화학생 교육 지원방안 마련이 시급함을 알 수 있다. 또한 다문화학생이 우리 사회의 소중한 인재로 성장할 수 있게 학교생활에 바르게 적응할 수 있도록 학교가 중심이 되어 재능을 살리고 부족한 부분을 지원하고, 다양한 다문화교육정책을 실행하는 데 있어서 가장 중요한 것은 교원의 전문성 함양과 학교장의 의지이다. 학생의 다문화 역량 개발, 나아가 전 국민의 역량 개발을 위해서는 교사와 다문화 관련 종사자 및 학교장의 다문화 역량 강화가 무엇보다 절실하다. 정부에서도 이를 인식하여 교사 및 관리자 연수를 실시하고 사회통합 거점대학을 통해 전문가를 양성하고 있으나, 그 과정 및 내용을 들여다보면 너무나 부족한 실정이다. 향후 교육과정에 대한 보완 등을 통해 전문가로서의 자질과 능력을 갖추는 교육 및 연수가 되어야 할 것이다.

또한 현재 추진 중인 인천광역시의 다문화가정 지원정책도 관계 기관과 유기적으로 연계하여 다문화학생에 대한 교육정책의 시너지 효과를 제고하여야 할 것이다.

4장과 5장에서 학교장의 다문화교육 인식 및 학교장의 다문화교육 인식 제고를 위하여 살펴본 결과, 다른 나라의 문화를 이해하는 교육이나 단순체험 위주의 일회성 다문화 이해 교육은 우리 안에 녹여져 있는 다문화의 진정을 이해하는 데 큰 도움이 되지 않다는 것이 설문을 통해서 드러났다. 인구 통계학적 특성에 따른 다문화교육에 대한 인식에는 유의미한 차이가 나타나지 않았다. 학교장들이 알고 있는 다문화 이해 교육의 내용이 다문화교육의 목표와 일치하지 않는 피상적인 수준의 일회성 활동이 많다는 것을 알 수 있었다.

이러한 상황에서 다문화교육의 학교장 역할은 더욱 중요하다고 할 수 있을 것이다. 특히 학교장의 다문화에 대한 사회적 인식의 긍정적 변화를 바란다면 더욱 그러할 것이다. 한국 사회가 본격적인 다인종·다문화 국가로 진입하는 데 그리 오랜 시간이 남지 않은 상황에서 다인종·다문화 시대의 근간인 청소년들이 평화적으로 다문화를 영위하고 공존하며 성장하고, 성인이 되어서도 현명하게 상생하기를 바란다면 지금부터라도 그러한 환경을 마련해 주어야 하며, 다문화교육 전문가와의 심층 인터뷰를 통해 좀 더 학교장의 다문화교육의 실천을 도모하는 방안을 모색해야 할 것이다.

5장에서 실시한 다문화 관련 학교장과의 심층 인터뷰를 통해 아직도 우리나라의 다문화교육이 걸음마 단계에 머물고 있음을 알 수 있었다.

현재 인천광역시 교육청에서 운영하는 역점사업은 다문화교육에서 어느 한 가지도 빼놓을 수 없을 만큼 중요한 내용을 담고 있지만, 다문화가정의 학생과 학부모가 단기간에 학교생활과 사회생활을 원만하게 할 수 있도록 좀 더 보완이 필요할 것이다. 다문화 대상 가정의 일원들이 수시로 도움을 받아 스스로 적응하고 글로벌 코리아의 구성원으로 함께할 수 있도록 다른 역점사업도 지속적으로 운영되어야 할 것이다. 특히 다음과 같은 세 가지 사업은 좀 더 역점을 두고 운영해야 할 것이다.

첫째, '다문화가정 상담센터의 운영'이다. 다문화가정에서 어려움을 겪고 있는 종류와 내용은 그 수준이 각각 다른데도 불구하고 다른 사업들은 일괄해서 모든 대상을 같은 수준으로 보고 교육하기 때문에 필요한 사항을 수시로 묻고 배울 수 있는 다문화가정 상담센터의 운영이 절실하다고 본다. 상담센터에는 상담사와 함께 이중언어 강사를 반드시 배치하여 다문화가정의 학생들이 국내 학교 적응을 잘할 수 있도록 지원체제를 확립하고, 교육 소외학생, 학교 부적응 및 교육여건 불평등 현상 해소를 위한 다문화가정 학생 및 학부모 대상 교육상담 지원을 할 필요가 있을 것이다.

둘째, '다문화교육 학부모 자원봉사단 운영'이다. 통계 자료에 따르면 학교에서 부진아나 집단따돌림에 시달리고 있는 어린이 중 대다수는 다문화가정 자녀라고 한다. 이런 현상이 발생하는 이유는 다문화가정 학생들의 교육격차가 크고, 학생들의 학교 적응이 어려운 데에서 기인한다고 할 수 있을 것이다. 급격한 사회변화와 세계화에 따라 증가하는 다문화가정 학생들의 어려움을 그때그때 도와줄 수 있는 자원봉사단이 이들에게 큰 힘을 보탤 수 있을 것이다. 학부모 자원 봉사단은 다문화가정 학생 상담을 통해 학습결손 및 정체성의 혼란을 방지하고, 다문화가정과 결연하여 한국 문화를 소개하고 사회 적응을 위한 멘토링을 해줄 수 있을 것이다. 또한 다문화가정 학생과 학부모의 중심학교 운영 프로그램 참여에도 큰 도움을 줄 것으로 기대된다.

그 밖에도 시 단위 혹은 지역교육청 단위의 다문화교육 연구회뿐만 아니라, 단위학교 중심의 다문화교육 연구회를 조직하여 운영할 수 있을 것이다. 다문화교육 중 특정 분야에 관심 있는 교사들을 중심으로 연구회를 조직할 수도 있으며, 학교장이 주도하여 특정 연구회를 운영할 수도 있을 것이다. 학교 단위에서 이루어진 활동은 장학 자료와 보고서 등의 형태로 발간하여 다른 학교와의 정보 공유로 유용하게 활용될 수도 있을 것이다.

마지막으로, 실질적인 학교 운영에 있어서 가장 큰 비중을 차지하는 것은 바로 교육과정 편성 및 운영이라고 할 수 있을 것이다. 학교의 가장 큰 존재 이유가 학생을 교육하는 것이기 때문에 교육과정 편성 및 운영은 이와 직결되는 큰 핵심 과제라고 할 수 있다. 현재 학교 교육과정은 국가 수준의 지침 범위 내에서 학교별로 탄력적으로 운영할 수 있게 되어 있다. 이에 따라 학교별로 다양한 교육과정이 이루어지고 있으며, 이에 가장 큰 영향력을 미치게 되는 것이 학교장의 교육관 및 교육철학이라고 할 수 있을 것이다.

본 연구 결과를 통해 학교장의 다문화교육의 인식제고와 다문화교육의 활성화를 위하여 다음과 같이 제언하고자 한다.

다문화교육은 한 단어로 정의하기 힘든 여러 가지 변인이 복합적으로 얽혀 있는 중요한 사안이라고 할 수 있다. 출신지나 가정환경이 제각기 다른 여러 대상 학생들을 효율적으로 관리하고 교육하기 위해서는 체계화된 교육과 수요자의 특성을 맞춘 맞춤형 교육이 필요하다. 지역별 특성도 고려해야 하기 때문에 각 단위학교의 특성에 맞는 내실화된 다문화교육이 이루어져야 한다는 것은 자명한 일이다. 단위 학교의 다문화교육에 있어 학교장의 역할이 매우 중요한 만큼 현재의 실태를 정확히 반영하여 앞으로 더욱 유용한 다문화교육이 이루어지도록 학교장의 인식을 변화시키고 적극적으로 동참하는 분위기를 조성해야 할 것이다.

이 연구를 기반으로 앞으로의 연구자들이 좀 더 심층적으로 연구할 수 있도록 다음과 같은 몇 가지 과제를 제시하고자 한다.

첫째, 다문화교육을 전공하거나 관련 분야에 정통한 학교장을 양성할 수 있도록 다문화 프로그램을 개발해야 한다. 교장 자격 연수나 각종 직무연수 실시에 있어 다문화 관련 내용을 강화하고, 다문화에 관한 전문적인 식견을 가진 학교장 양성에 많은 노력을 기울여야 할 것이다. 국가 수준에서 체계화된 커리큘럼을 제작하여 보급하고, 학교 현장에서 손쉽게 다문화교육 관련 정보를 습득할 수 있도록 다양한 분야의 연구가 이루어져야 할 것이다.

둘째, 학교 현장에서 보다 실효성 있는 다문화교육이 이루어질 수 있는 제반 환경을 마련하는 데 필요한 인적 · 물적 지원에 관한 연구가 필요할 것이다. 지구별 다문화 상담 교사 배치나 학교 내 다문화교육을 위한 환경 조성 등 학교 자체적으로 실시에 어려움을 겪는 다양한 요구사항을 반영하여 메뉴얼화하여 보급하면 큰 효과를 거둘 수 있을 것이다. 특수교육에 대한 배려만큼 이제는 다문화교육에 대한 인적 · 물적 환경의 배려가 절실하다.

셋째, 다문화교육 대상 학생 및 학부모들의 소통 창구 활성화에 관한 심층 연구도 이루어져야 할 것이다. 수요자의 요구에 맞는 교육이 이루어질 수 있도록 언제어디서나 그들의 목소리를 들을 수 있는 여러 통로 개발이 시급하다. 홈페이지나 SNS 등을 통한 접근성을 강화하고 손쉽게 소통할 수 있는 각종 방법을 개발한다면 즉각적인 대처와 도움이 이루어질 수 있을 것이다. 온-오프라인의 창구 이원화를 통해 다양한 소통이 이루어지도록 해야 할 것이다.

넷째, 다문화교육을 정규 교육과정에 적극 반영하는 방법에 대한 연구를 꾸준히 실시해야 할 것이다. 창의적 체험활동에 일부 포함하는 것으로는 내실 있는 다문화교육 실시에 큰 어려움이 있다. 자연스럽게 교과과정 내에 녹아들어갈 수 있는 교과목 개편이나 교육과정 개정이 필요하며, 이에 관련된 연구가 이루어져야 할 것이다.

다섯째, 다문화교육정책의 추진 과정에서 무엇보다 일관된 정책의 철학을 확립하는 것이 시급하다. 다문화교육의 철학과 방향을 구체화하지 못한 상태에서는 다문화교육의 효과를 극대화하지 못할 것이다.

여섯째, 학교와 청소년 수련시설(기관), 평생교육기관 등에서 단순체험 위주의 외국 문화를 경험하는 일회성 행사가 아닌 구체적인 프로그램이 진행되는 것이 바람직할 것이며, 가급적 낮은 연령단계에서부터 시작하는 것이 편견을 해소하는 데 더욱 긍정적일 수 있을 것이다.

일곱째, 다문화가정 학생들의 역량 개발을 위한 꾸준한 관심과 지속적인 맞춤형 지도가 다양하게 이루어져야 할 것이다. 다문화가정 학생들은 학교생활 적응 문제, 기초학력 부진 등의 어려움을 겪는 경우가 대부분이라서 심리 상담, 학력 향상 위주의 지원이 많이 이루어지는 경향이 있다. 그러나 수월성 교육 측면에서 다문화가정 학생들이 가진 재능을 개발하고 발휘하여 미래사회 글로벌 인재로서의 역량을 키울 수 있는 기회가 여러 각도에서 마련되어야 할 것이다.

마지막으로 다문화가정 학부모들의 적극적인 참여가 이루어질 수 있는 방안에 대한 고민이 더욱 필요하다. 다문화가정은 경제적으로 어려움이 많아 대부분 맞벌이 가정이고, 아직은 심리적으로 위축되어 공개적인 행사에 참여하기를 꺼리는 경향이 있다. 다문화가정 체험학습 등 그들 간의 네트워크를 지속적으로 형성해 주면 학교 활동 및 행사 참여에 호응도를 상승시킬 수 있을 것이다. 또한 일반 가정 학부모들과 함께 하는 동아리 활동 강화, 일대일 결연 맺기 등 자연스럽게 소통할 수 있는 기회 제공도 함께 이루어져 학교 공동체 일원으로서 소속감을 느낄 수 있도록 지원해야 할 것이다.

참고문헌

1. 국내문헌

강대근(2007a). 「다문화사회를 위한 교육의 과제」. 『대구교육』(46). 대구광역시교육청, pp.18-24.

_____(2007b). 「다인종 다문화사회와 교육」. 『교육정책포럼』(149). 한국교육개발원, pp.4-7.

강민아 · 손주연 · 김희정(2007). 「통합 연구 방법 적용 가능성에 대한 탐색 연구: 지역 보건 정책 결정을 위한 주민 의견 조사에 설문조사와 포커스 그룹 방법의 통합적 적용」. 『한국행정학보』41(4). 한국행정학회, pp.415-437.

강병구(1995). 「스트레스의 통제와 대처에 관한 이론적 고찰」. 『教育연구』(14). 원광대학교 교육문제 연구소, pp.29-44.

강인애 · 장진혜(2009). 「커뮤니티 기반 다문화수업 모형 개발에 대한 연구: 초등학교 수업사례를 중심으로」. 『초등교육연구』22(2). 한국초등교육학회, pp.71-97.

교육인적자원부(2006). 「다문화가정 자녀 교육지원 대책」. 서울: 교육인적자원부(2006.05), pp.3-18.

구정화(2012). 「다문화 시민성을 위한 초등 다문화교육 프로그램 개발 연구」. 『社會科敎育』51(1). 한국사회과교육연구학회, pp.1-18

구정화 · 문혜숙(2011). 「초등 및 3, 4학년 교과의 다문화교육 내용 분석」. 『다문화교육』2(1). 한국다문화교육연구학회, pp.1-17.

김갑성(2006). 「한국 내 다문화가정의 자녀교육 실태조사 연구」. 서울교육대학교 교육대학원 석사학위논문.

김경은(2013). 「고위직 관료의 장관 대응행태 실증분석: 장관 역할인식과 관료의 대응경험을 중심으로」. 고려대학교대학원 행정학과 박사학위논문.

김남국(2005). 「다문화 시대의 시민: 한국사회에 대한 시론」. 『國際政治論叢』45(4). 한국국제정치학회, pp.97-121.

김남일(2007). 「열린 사회 구현을 위한 외국인정책 방향」. 『한국사회학회 사회학대회 논문집』. 한국사회학회, pp.1-19.

김무정(2011). 「초등학교 통합 교과서의 다문화교육 내용 분석: 2009 개정 교육과정을 중심으로」. 『초등도덕교육』36. 한국초등도덕교육학회, pp.335-360.

김미숙(2006). 「양적 방법과 질적 방법의 통합에 대하여」. 『교육사회학연구』16(3). 한국교육사회학회, pp.43-64.

김미옥(2011). 「장애아동청소년의 거주서비스 쟁점에 관한 혼합방법론 연구」. 『한국사회복지학』63(3). 한국사회복지학회, pp.55-82.

김민규 · 박수정(2011).「해외 골프 참여자의 장소귀속감 결정요인에 관한 통합적 접근」.『한국여가레크리에이션학회지』 35(3). 한국여가레크리에이션학회, pp.139-151.

김민환(2010).「다문화교육에 관한 연구 경향과 과제」.『학습자중심교과교육연구』10(1). 학습자중심교과교육학회, pp.61-86.

김민환 · 이욱범(2003).「중등학교장의 리더십과 임파워먼트, 조직몰입 및 직무만족의 관계에 관한연구」.『경영교육논총』 31. 한국경영교육학회, pp.127-145.

김병찬(2010).「교장의 직무 수행 과정에 대한 질적 분석 연구」.『교육연구』18(2). 한남대학교 교육연구소, pp.185-222.

김선미 · 김영순(2008).『다문화교육의 이해』. 서울: 한국문화사.

김선애 · 박순희(2012).「초기 청소년의 문화적 경험과 다문화 인식: 개방성 · 수용성 · 존중성과의 관계: G광역시를 중심으로」.『청소년학연구』19(7). 한국청소년학회, pp.27-50.

김성천 · 신철균(2011).「인문계 고등학생의 선행학습 효과 분석 연구」.『열린교육연구』19(4). 한국열린교육학회, pp.87-108.

김순양 · 신영균(2012).「다문화가정 학생의 교육불평등(educational inequality) 해소를 위한 다문화교육 지원사업의 우선순위 모색」.『지역발전연구』21(2). 서울: 연세대학교 빈곤문제국제개발연구원, pp.101-138.

김영천 · 김경식 · 이현철(2011).「교육연구에서의 통합연구방법(Mixed Research Methods): 개념과 시사점」.『초등교육연구』24(1). 한국초등교육학회, pp.305-328.

김아영(2006).「초등교사의 다문화교육 인식 실태 조사」. 서울교육대학교 교육대학원 석사학위논문.

김연권 · 노재윤(2010).「국어교과에서의 다문화교육: 교수 · 학습 프로그램 개발 및 적용」.『다문화교육』1(3). 한국다문화교육연구학회, pp.1-30.

김연권 · 박영준(2010).「초등학교 개정 교과서의 다문화적 내용 분석: 3 · 4학년 교과서를 중심으로」.『다문화교육』 1(2). 한국다문화교육연구학회, pp.21-62.

김영순(2010b).「다문화사회를 위한 시민 인문학; 다문화사회와 시민교육: 다문화역량을 중심으로」.『시민인문학』18. 경기대학교 인문과학연구소, pp.33-59.

김영순 · 최정은(2011).「2009 개정 사회과 교육과정 내용 적정화 연구: 7-10학년 일반사회과를 중심으로」.『중등교육연구』59(2). 경북대학교 중등교육연구소, pp.185-209.

김영천 · 김경식 · 이현철(2011).「교육연구에서의 통합연구방법(Mixed Research Methods): 개념과 시사점」.『초등교육연구』24(1). 한국초등교육학회, pp.305-328.

김영태 · 장기성(2012).「초등학생의 다문화인식과 다문화효능감과의 관계 연구」.『한국산학기술학회논문지』13(2). 한국산학기술학회, pp.660-667.

김옥순(2010).「청소년의 문화간 역량연구」.『청소년학연구』17(9). 한국청소년학회, pp.151-172.

김옥순 · 김진호 · 신인순 외 역(2009).『다문화교육: 이론과 실제』. Bennett(2007) 저. 서울: 학지사.

김용신(2011).『글로벌 다문화교육의 이해』. 한국학술정보.

_____(2009).「사회과 다문화 수업을 위한 CAT모형의 구안」.『사회과교육』48(2). 한국사회과교육연구학회, pp.65-77.

_____(2008).「초등사회과 교육과정의 다문화 개념 분석: 2007개정 교육과정 내용체계의 적용 관점에서」.『社會科教

育』47(2). 한국사회과교육연구학회, pp.5-22.

김윤태(1986).『교육행정 · 경영신론』. 서울: 배영사.

김이경(2005).「교원의 직무 수행 실태 분석 및 기준 개발 연구」. 서울: 한국교육개발원.

김이선 · 정해숙 · 이미화(2009).「다문화가족의 자녀교육 역량 분석 및 지원방안」. 서울: 한국교육개발원.

김인(2009).「초등학교 다문화교육의 현황 및 지향점」.『초등교육연구』22(1). 한국초등교육학회, pp.23-42.

김일환 · 윤언배(2011).「특집: 다문화교육의 현황과 과제; 한국 중등학교 다문화교육의 현황과 방향」.『민족연구』47. 한국민족연구원, pp.43-63.

김의정 · 김애화 · 유현주(2012).「다문화 가정 학생과 학습부진/학습장애 학생의 사회과 교수 · 학습에 관한 일반 초등교사의 인식」.『학습장애연구』, 9(2). 한국학습장애학회, pp.29-52.

김원경 · 박순길 · 정경희 · 김형진(2011).「초등학생의 다문화 인식에 대한 연구」.『인지발달중재학회지』2(2). 인지발달중재학회, pp.1-16.

김종철(1992).「21세기를 지향하는 한국교육의 틀」.『교육진흥』18. 중앙진흥교육연구소, pp.5-93.

김준영 · 이윤정(2012).「실과 의생활 영역을 활용한 다문화교육 프로그램이 초등학생의 다문화 태도에 미치는 효과」.『한국실과교육학회지』25(1). 한국실과교육학회, pp.269-287.

김중섭(2008).『한국어교육의 이해』. 서울: 한국문화사.

김천기 · 노상우 · 박휴용 · 이정애 · 임은미(2013).『다문화교육의 이해와 실천』. 파주: 교육과학사.

김호성 외(2010).「다문화 요소를 활용한 초등 도덕 교육방안 연구」.『교육연구』49. 성신여자대학교 교육문화연구소, pp.55-86.

김호홍(2013).「대통령의 대북정책 리더십 유형 연구: 행태적 · 정책적 요인을 중심으로」. 가천대학교대학원 행정학과 박사학위논문.

김홍운 · 김두정(2008).「다문화교육에 대한 초등학교 교사들의 인식에 관한 연구」.『교육연구논총』29(2). 충남대학교 교육연구소, pp.41-63.

김혜온(2012).『다문화교육의 심리학적 이해』. 서울: 학지사.

권유경(2008).「다문화사회에 바람직한 우리나라 사회통합 정책방향」. 출입국 · 외국인정책본부, pp.1-23.

_____(2010).「다문화교육에 대한 초등교사의 인식 유형 분석」.『국제이해교육연구』, 5(2). 서울교육대학교, pp.38-77.

권혁운(2008).「공문을 중심으로 한 초등학교장의 직무 분석」. 한국교원대학교 대학원 박사학위논문.

남석희(2009).「다문화 체육교육에 대한 초등학교 교사들의 인식」.『초등교육연구논총』25(2). 대구대학교초등교육학회, pp.93-108.

남호엽(2008).「초등학교 사회과 교육과정에 나타난 다문화교육의 논리」.『사회과교육연구』15(3). 한국사회과교육학회, pp.27-40.

류상희(2013).「초등학생의 다문화에 대한 인식과 다문화 효능감」.『한국실과교육학회지』26(2). 한국실과교육학회, pp.199-213.

명제창(1998).「학교 조직에서의 도덕적 지도성 측정에 관한 연구」. 충남대학교 대학원 박사학위논문.

모경환(2009).「다문화 교사교육의 현황과 과제」.『한국교원교육연구』26(4). 한국교원교육학회, pp.245-270.

_____(2008a).「다문화 교사교육의 현황과 과제」.『한국교원교육연구』26(4). 한국교원교육학회, pp.245-270.

_____(2008b).「다문화교육 교사연수 프로그램 효과분석」.『한국교원교육연구』, 26(2). 한국교원교육학회, pp.75-99.

_____(2007). 「가족형태의 다양화와 청소년 다문화가족의 증가와 청소년 시민교육의 과제」. 『다문화시대와 청소년』, 서울: YMCA. pp.31-60.

모경환·이혜진·임정수(2010). 「다문화 교사 교육과정의 실태와 개선방안」. 『다문화교육』 1(1). 한국다문화교육연구학회, pp.21-35.

모경환·최충옥·임현정(2010). 「다문화 교사 연수 프로그램의 사례 분석」. 『시민교육연구』 42(4). 한국사회과교육학회, pp.31-53.

모경환·황혜원(2007). 「중등 교사들의 다문화적 인식에 대한 연구: 수도권 국어·사회과 교사를 중심으로」. 『시민교육연구』 39(3). 한국사회과교육학회, pp.79-100.

문승호·김영천·정정훈 역(2009). 『다문화교육의 탐구』. 서울: 아카데미프레스.

문희경(2008). 「중등학교 교장의 삶에 관한 문화기술적 연구」. 목포대학교 대학원 박사학위 논문.

박갑수(2005). 『국어교육과 한국어교육의 성찰』. 서울대학교출판부.

박귀선·남상준(2009). 「다문화교육의 개념에 대한 초등교사의 인식: Focus Group Interview를 중심으로」. 『教員教育』 25(3). 한국교원대학교 교육연구원, pp.108-129.

박남수(2007). 「초등학교 교사들의 다문화교육에 대한 인식과 실천」. 『사회과교육연구』 14(1). 한국사회과교육학회, pp.213-233.

박미숙(2013). 「중등학교 다문화담당교사의 전문성에 관한 연구」. 『교육문화연구』 19(1). 인하대학교 교육연구소, pp.57-82.

박상준(2008). 「다문화사회의 시민성 육성을 위한 초등사회과 전통문화 교육과정의 구성 방향」. 『社會科教育』 47(1). 한국사회과교육연구학회, pp.29-53.

박선미·성민성(2011). 「교사의 다문화교육 경험이 다문화적 인식에 미친 영향: 인천시 다문화교육 지정학교 교사를 대상으로」. 『사회과교육』 50(3). 한국사회과교육연구학회, pp.1-15.

박선형(2010). 「교육행정학의 혼합방법연구 활성화를 위한 예비적 논의」. 『교육행정학연구』 28(2). 한국교육행정학회, pp.27-54.

박순호(2011). 「다문화교육에 대한 대구시 초·중등학교 교사인식에 관한 연구」. 『사회과교육연구』 18(1). 한국사회과교육연구학회, pp.1-17.

_____(2009). 「다문화교육에 대한 의식과 정책적 함의: 대구시 초등학교 교사와 학생, 학부모를 대상으로 한 설문조사 결과를 중심으로」. 『한국지역지리학회학술대회』 15(4). 한국지역지리학회, pp.464-477.

박영자(1995). 「조직이론의 인간관과 교육적 적용에 관한 연구」. 이화여자대학교대학원 박사학위논문.

박은덕·허태연(2009). 「다문화주의에 기초한 초등 미술 감상 수업 연구」. 『教員教育』 25(3). 한국교원대학교 교육연구원, pp.220-240.

박진경(2010). 「한국의 다문화주의와 다문화정책의 선택적 적용」. 『韓國政策學會報』 19(3). 한국정책학회, pp.259-289.

박진욱·노정은(2011). 「다문화가정 자녀의 학업 수행 능력 향상을 위한 표현 교육 방안: 초등학교 국어과를 중심으로」. 『이중언어학』 47. 이중언어학회, pp.49-76.

박찬석(2011). 「다문화 인식과 실천을 강화하기 위한 초등 도덕과 교육과정 연구」. 『초등도덕교육』 35. 한국초등도덕교육학회, pp.288-311.

방금주(2012). 「다문화교육, 왜 필요한가: 다문화교육의 실상과 방향에 관한 소고」. 『서울교육』 54(4). 서울특별시교육연구정보원, pp.12-17.

방기혁(2011). 「초등 다문화 대안학교의 교육과정 개발」. 『한국실과교육학회지』 24(2). 한국실과교육학회, pp.25-48.

변종수(2013). 「흡수역량 및 폐기학습과 창의적 행동간 영향관계에서 내외 동기의 조절효과: 지식서비스업 종사자를 중심으로」. 배재대학교대학원 컨설팅학과 박사학위논문.

변정현(2010). 「한·일 초등학생의 다문화 인식에 대한 비교 연구」. 『초등교육연구』 23(4). 한국초등교육학회, pp.455-482.

_____(2011). 「체험적 교류활동을 통한 다문화 인식 변화연구」. 부산대학교 대학원 박사학위논문.

서범석(2009). 「한국의 선진화를 위한 학교다문화교육정책의 기본방향」. 『초등교육연구』 22(4). 한국초등교육학회, pp.1-26.

서정화(2003). 『교장론』. 서울: 한국교육행정학회.

_____(1998). 「사학의 자율성과 우수 교원 확보」. 『사학』 85. 대한사립중등학교장회, pp.24-32.

서종남(2010). 『다문화교육: 이론과 실제』. 서울: 학지사.

서혜정·배지희(2009a). 「자유놀이 시간에 나타나는 만2세반 영아의 또래간 상호작용 특성에 관한 문화기술적 탐구」. 『육아지원 연구』 4(1). 한국육아지원학회, pp.153-180.

서혜정·배지희(2009b). 『경기도 다문화가족 아동을 위한 보육지원 방안』. 정책보고서 2009-24. 경기도가족여성연구원, pp.13-14.

성용구(2013). 「혼합연구 설계의 타당성을 높이기 위한 단계별 전략」. 『열린교육연구』 21(3). 한국열린교육학회, pp.129-151.

송성섭·김민규(2013). 「치료레크리에이션 프로그램이 다문화가정 아동의 문화적응에 미치는 영향」. 『여가학연구』 11(1). 한국여가학회, pp.179-196.

송현정(2011). 「초등학교 국어 수업에서의 다문화 관련 요인에 대한 연구」. 『한국초등국어교육』 44. 한국초등국어교육학회, pp.76-105.

신동원·박종흡·성호진(2005). 「고등학교 교장의 직무수행에 관한 분석」. 『인문논총』 12. 창원대학교인문과학연구소, pp.63-87.

신상명(2007). 「미래학교가 요구하는 교장의 역할」. 『교육논평』 20(9). 주간교육신문사, pp.31-42.

심우엽(2010). 「초등학생의 다문화 아동에 대한 인식과 태도」. 『초등교육연구』 23(4). 한국초등교육학회, pp.43-63.

심인선(2012). 「다문화학생 교육 선진화 방안에 따른 경남의 과제」. 창원: 경남발전연구원.

심종식(2008). 『다문화교육의 현황과 과제』. 서울: 학지사.

심준섭(2009). 「조직연구에서 실용주의 시각의 적용 가능성: 질적 방법과 양적 방법의 혼합을 중심으로」. 『국가정책연구』 23(4). 중앙대학교 국가정책연구소, pp.251-277.

안병환(2010). 「다문화사회에서의 예비교사교육 방향 탐색」. 『직업교육연구』 29(3). 한국직업교육학회, pp.1-21.

_____(2005). 「교장의 역할과 리더십에 관한 연구」. 『한국교육논단』 4(1). 한국교육포럼, pp.79-82.

안유란(2012). 「다문화 도덕교육의 필요성: 다문화교육과정에서 발생하는 문제점을 중심으로」. 연세대학교 교육대학원 석사학위논문.

안지영(2013). 「스리랑카 거주 한국-스리랑카 다문화가정 부모와 유아의 문화 적응」. 중앙대학교 대학원 박사학위논문.

안지혜·강승혜(2009). 「초등학생 대상 다문화교육 프로그램 개발을 위한 기초 연구」. 『초등교육연구』 22(4). 한국초등교육학회, pp.227-254.

양영자(2012). 「다문화가정 학생 재유형화와 교육 접근법」. 『교육과정연구』 30(3). 한국교육과정학회, pp.323-352.

양영자(2007). 「분단-다문화시대 교육 이념으로서의 민족주의와 다문화주의의 양립가능성 모색」. 『교육과정연구』 25(3). 한국교육과정학회, pp.23-48.

양태식(2012). 「초등학교 다문화 학생을 위한 한국어 프로그램의 개설 방향」. 『한국초등국어교육』 1(50). 한국초등국어교육학회, pp.331-358.

엄수정·원종례(2012). 「다문화 교사교육 관련 연구 동향 분석 및 연구 방향 제시」. 『유아특수교육연구』 12(4). 한국유아특수교육학회, pp.51-80.

염시창(2007). 『통합 연구방법론: 질적·양적 접근방법의 통합』. Abbas Tashakkori; Charles Teddlie 저; 염시창 역. 학지사.

염철현 역(2012). 『다문화교육개론』. 도나 골닉·필립 친 지음. 파주: 한울.

오수학·김병준(2008). 『체육학 연구방법』. 레인보우북스, pp.179-181.

오성배(2006). 「한국사회의 소수민족 '코시안' 아동의 사례를 통한 다문화교육의 방향 탐색」. 『교육사회학연구』 16(4). 한국교육사회학회, pp.137-157.

오영훈·이영실(2011). 「다문화 중심학교 운영의 성공요인분석: 초등학교 우수사례를 중심으로」. 『다문화교육』 2(3). 한국다문화교육연구학회, pp.87-106.

유병열(2011). 「초등 도덕과에서의 다문화교육」. 『韓國 初等教育』 22(3). 서울교육대학교초등교육연구소, pp.89-111.

유솔아(2011). 「은유 분석을 통해 본 다문화교육에 대한 초등교사들의 인식」. 『초등교육연구』 24(3). 한국초등교육학회, pp.117-145.

육혜련(2013). 「통합 연구방법을 적용한 가출청소년의 사회적 배제와 심리사회적 부적응과의 관계 연구: 청소년쉼터 입소 청소년을 대상으로」. 대전대학교 대학원 사회복지학과 박사학위논문.

윤여탁(2013). 「다문화교육에서 문학교육의 지향과 다문화 교사 교육」. 『다문화사회연구』 6(1). 숙명여자대학교 다문화통합연구소, pp.59-79.

윤인진(2008). 「한국적 다문화주의의 전개와 특성」. 『한국사회학』 4(2). 한국사회학회, pp.72-103.

윤정숙·남상준(2009). 「초등 사회과 다문화교육 방안 탐색: '가상국민 되어보기' 활동을 중심으로」. 석사학위논문, 한국교원대학교 교육대학원 16(2). pp.90-93.

윤정일(1997). 「교육행정 개혁의 진단」. 『교육학연구』 35(2). 한국교육학회, pp.107-134.

윤지영(2008). 「학교무용교육의 가치와 수업 실천에 대한 고등학교 무용교사와 학생의 인식」. 세종대학교 대학원 무용학과 박사학위논문.

윤채빈·박수정(2010). 「세대별 걷기참여자의 참여제약 요인의 통합적 연구」. 『한국여가레크리에이션학회지』 34(1). 한국여가레크리에이션학회, pp.103-114.

원진숙(2009). 「초등학교 다문화 가정 학생을 위한 언어 교육 프로그램」. 『한국초등국어교육』 1(40). 국어교육학회, pp.269-303.

_____(2008). 「다문화 시대의 초등학교 국어과 교육: 다문화 가정 자녀를 위한 한국어 교육 지원 방안을 중심으로」. 『國語教育學研究』 32. 국어교육학회, pp.157-188.

이경애·정재영(2012). 「식생활교육을 통한 초등학교 다문화교육 프로그램 개발 및 적용」. 『實科教育研究』 18(1). 한국실과교육연구학회, pp.123-150.

_____(2011). 「한국 다문화교육 정책에 대한 비판적 고찰」. 『교육사회학연구』 21(1). 한국사회교육학회, pp.111-131.

이관희(2010). 「다문화 국어교육에 대한 예비 초등 교사들의 인식 양상 연구」. 『한국초등국어교육』 1(44). 한국초등국어교육학회, pp.34-73.

이광성(2011). 「다문화교육에 대한 사회과 교사들의 인식도 연구: 광주, 전남지역을 중심으로」. 『시민교육연구』 43(1). 한국사회과교육학회, pp.87-109.

이경서(2008). 『조사 방법론』. 학문사

이기영·최성열·장성화·신성철(2010). 「초등학생의 성격특성과 스트레스 대처방식 및 학교생활적응간의 관계」. 『논문집』 31. 김천대학교, pp.127-150.

이낙종(2005). 「학교장의 수업지도성 행동에 대한 미시정치적 분석」. 『교육행정학회지』 23(1). 고려대학교대학원, pp.113-136.

이병준(2007). 「다문화역량이란 무엇인가?」. 『한국교육사상연구회』 37. 전자저널, pp.1-11.

이상원·김종우·윤영진(2010). 「초등학교 실과 다문화 체험학습 프로그램 개발 및 적용」. 『韓國 初等敎育』 21(2). 서울교육대학교 초등교육연구소, pp.1-21

이선영(2010). 「초등학교 저학년에서의 다문화교육: 다문화교육을 통한 공동체의식 함양」. 『국제이해교육연구』 5(2). 한국국제이해교육학회, pp.78-100.

이선자·송유미·김민수(2011). 「초등학생의 다문화가정 아동에 대한 고정관념과 편견의 유형화: 인지적 과정을 중심으로」. 『한국사회복지조사연구』 29. 연세대학교 사회복지연구소, pp.1-27.

이성미(2012). 『다문화정책론』. 서울: 박영사.

이수정·정예지·김문주(2012). 「변혁적 리더 대 진성 리더: 변혁적 리더십의 재조명」. 『경영학연구』 41(3). 서울여자대학교 경영학회, pp.539-573.

이영문(2013). 「초등학교 다문화 도덕과 교육과정 개발을 위한 기초 연구」. 『초등도덕교육』 41. 한국경영학회, pp.167-190.

_____(2012). 「초등학교 도덕 교과서의 다문화 단원 분석 연구」. 『초등도덕교육』 39(28). 한국초등도덕교육학회, pp.1-28.

이원석(2011). 「혼합 연구에서의 패러다임(paradigm)의 혼합」. 『교육문제연구』 (39). 고려대학교 교육문제연구소, pp.195-211.

이원희(2008). 「다문화 시대의 초등 교육과정」. 『韓國 初等敎育』 19(1). 서울교육대학교 초등교육연구원, pp.15-29.

이인경(2012). 「특수교육 연구에서 혼합방법 연구의 활성화를 위한 기초 담론: 패러다임 혼용의 문제」. 『특수교육 연구』 19(2). 국립특수교육원, pp.130-154.

이인재(2010). 「다문화사회에서의 초등학교 반편견교육」. 『윤리교육연구』 22. 한국윤리교육학회, pp.253-271.

이자형(2012). 「비인지적 능력과 지위획득의 관계에 관한 통합연구: 청년취업자를 중심으로」. 고려대학교대학원 교육학과 박사학위논문.

이정금(2013). 「제조업 근로자의 일터학습이 조직시민행동에 미치는 영향」. 순천대학교대학원 교육학과 박사학위논문.

이정휘(2011). 「다문화가족지원 정책에 대한 공무원 인식 연구」. 건양대학교 대학원 박사학위논문.

이종일(2012). 「다문화교육을 위한 제도화된 인종주의 고찰」. 『사회과교육연구』 19(2). 한국사회교과교육학회, pp.33-51.

이혁규(2004). 「질적 연구의 타당성 문제에 대한 고찰」. 『교육인류학연구』 7(1). 한국교육인류학회, pp.1-18.

이현주(2010). 「통합적 가족놀이치료를 통한 ADHD 아동 가족의 가족체계 변화 및 치료적 요인」. 연세대학교대학원 아동 · 가족학과 박사학위논문.

이현정(2012).「다문화가정 초 · 중등 학생 학교적응을 위한 교육 프로그램 운영 및 개선에 대한 연구」. 건국대학교 교육
대학원 석사학위논문.

이현정(2013).『한국사회의 가정 내 사회적 자본의 본질과 가변성」. 경북대학교대학원 교육학과 박사학위논문.

이현철 · 김영천 · 김경식(2013).『통합연구방법론』. 아카데미프레스.

이혜영 · 설규주(2011).「초등학교 저학년 다문화교육 프로그램 개발 · 적용에 관한 연구」.『다문화교육』2(2). 한국다문
화교육연구학회, pp.19-41.

이화석 · 송선희(2011).「다문화교육을 위한 초등학교 미술 교육과정 개발 연구」.『미술교육연구논총』29. 한국초등미술
교육학회, pp.155-180.

임규진 · 곽대섭(1996).「학교경영 쇄신을 위한 학교장 평정방법 구안」.『교육연구』12. 공주대학교 교육연구소, pp.45-
79.

임형백 · 정지웅(1998).「지역사회 연구의 양적 방법과 질적 방법의 패러다임 비교」.『지역사회개발연구』23(2). 한국지
역사회개발학회, pp.25-46.

장원순(2003).「다문화교육에서 합리적인 문화이해와 성찰의 방법」.『초등사회과 교육』16(1). 한국초등사회과교육학회,
pp.175-193.

장인실(2006).「미국 다문화교육과 교육과정」.『교육과정연구』24(4). 한국교육과정학회, pp.27-53.

장인실 · 전경자(2013).「초등교사의 다문화교육 인식과 실행에 관한 사례 연구」.『다문화교육연구』6(1). 한국다문화교
육회, pp.73-103.

장인실 · 이혜진(2010).「초등학생의 다문화 인식에 영향을 미치는 변인」.『다문화교육연구』3(1). 한국다문화교육학회,
pp.55-87.

장온정(2011).「교사가 인지하는 초등학교 다문화교육 수행 실태에 관한 연구」.『한국실과교육 학회지』24(1). 한국실과
교육학회, pp.281-304.

전은희(2012a).「다문화교육과 차이」.『교육인류학연구』15(2). 한국교육인류학회, pp.59-84.

_____(2012b).「초등학교 다문화교육 프로그램의 실제에 대한 질적 연구: '다문화 하나 되어 프로그램'의 사례를 중심으
로」.『교육과정연구』30(2). 한국교육과정학회, pp.111-153.

전제철(2013).「다문화 인권교육의 관점에서 본 초등 사회과 교육과정」.『시민교육연구』45(1). 한국사회과교육학회,
pp.103-124.

전지영(2014).「초등 체육과 교육과정의 통섭적 접근」. 한국교원대학교대학원 초등체육교육전공 박사학위논문.

정규수 · 지민준 · 김지영(2005).「국내 모터스포츠 관람자의 관람경험에 대한 통합적 연구」.『한국여가레크리에이션학회
지』28. 한국여가레크리에이션학회, pp.31-48.

정기섭(2009).「독일의 사회통합을 위한 이주 외국인 자녀의 교육지원 현황 및 시사점 분석」.『교육의 이론과 실천』
14(2). 한독교육학회, pp.105-134.

정남석(2011).「초등 학교장의 직무수행에 관한 문화기술적 이해」. 전남대학교대학원 박사학위논문.

정민승 · 조지연(2012).「한국 다문화교육의 이데올로기적 재생산 기제 비판」.『교육사회학연구』22(2). 서울: 한국교육
사회학회, pp.211-232.

정수현(2010).「초등학교장의 직무 수행 실태에 관한 질적 연구」. 고려대학교 교육대학원 석사학위논문.

정일화(2007).「교장의 직무영역과 직무성향에 관한 연구」.『인문학연구』34(1). 충남대학교 인문과학연구소, pp.207-

227.

_____(2007).「교장의 직무표준 개발에 관한 연구」. 충남대학교 대학원 박사학위논문.

정태범(2000).『학교경영론』. 서울: 교육과학사.

조영달 · 박윤경 · 성경희 · 이소연 · 박하나(2010).「학교 다문화교육의 실태분석」.『시민교육연구』42(1). 한국사회과교
　　육학회, pp.151-184.

조윤주(2010).「초등학생의 다문화 인식이 다문화 효능감에 미치는 영향관계」.『한국실과교육학회지』23(3). 한국실과교
　　육학회, pp.43-58.

조일제(1998).『한국과 세계를 잇는 문화소통』. 서울: 한국문화사, pp.348-352.

조재식 · 허창수 · 김영천(2006).「교육학/교육과정 연구에서 질적 연구자가 고려해야 하는 타당도 이슈들: 그 다양한 접
　　근들의 이해」.『교육과정연구』24(1). 한국교육과정학회, pp.61-95.

조혜영 · 서덕희 · 권순희(2008).「다문화가정 자녀의 학업수행에 관한 문화기술적 연구」.『교육사회학연구』18(2). 한국
　　교육사회학회, pp.105-134.

주삼환(2005).『미국의 교장: 미국의 교육행정과 교장론』. 서울: 학지사.

주삼환 · 이석열 · 이미라(2007).「교장의 직무수행 척도 개발」.『한국교원교육연구』24(1). 한국교원교육학회, pp.197-
　　220.

추병완(2011).「V. O. Pang의 배려 중심 다문화교육론」.『홀리스틱 교육연구』15(1). 한국홀리스틱교육학회, pp.1-19.

채선희(1996).「사회과학 연구 방법론의 재정립을 위한 개념적 접근: 질적 양적 방법을 중심으로」.『교육학회지』35(5).
　　한국교육학회, pp.281-297.

최명민(2007).「질적-양적 연구방법론의 혼합에 의한 의료사회복지사의 소진탄력성 및 소진위험성 척도개발 연구」.『한
　　국사회복지학』59(4). 한국사회복지학회, pp.245-272.

최문성 · 김순자(2011).「다문화가정 아동들의 실태와 다문화교육에 대한 초등교사들의 인식에 관한 연구」.『초등도덕교
　　육』36. 한국초등도덕교육학회, pp.309-333.

최유경(2011).「다문화교육의 필요성에 대한 예비유아교사의 인식 및 요구」.『어린이문학교육연구』. 한국어린이문학교육
　　학회, pp.241-259.

최충옥 · 모경환 · 김연권 · 박성혁 · 오은순 · 한용택 · 임은미 · 우희숙 · 이수미 · 임정수(2010).『다문화교육의 이해』. 파
　　주: 양서원.

최충옥 · 이륜(2010).「다문화가정 자녀의 통합교육에 대한 초등학생의 인식도 차이와 다문화교육의 개선방안 연구」.『다
　　문화교육』1(3). 한국다문화교육연구학회, pp.93-114.

최필순(2013).「초등학교 다문화교육과정 운영 모형 탐색」. 경산: 영남대학교 대학원 박사학위논문.

최종렬(2010).「비교 관점에서 본 한국의 다문화주의정책」.『사회이론』. 한국사회이론학회, pp.229-271.

최희정(2013).「사회과 교사의 내용교수지식 형성 전략에 관한 연구」. 경북대학교대학원 교육학과 박사학위논문.

한경수(2012).「다문화사회의 이해와 교육의 과제」.『사회과교육연구』19(1). 한국사회과교육학회, pp.101-115.

한경진(2011).「다문화교육을 위한 초등학교 교사 교육방향 탐색 연구」. 경기: 대진대학교 대학원 교육학과 박사학위논문.

한건수(2007).「이주노동자 자녀와 문화다양성 교육」.『학교운영위원회』(85). 주간교육신문사, pp.74-77.

한만길(2004).「민주적이며 능력 있는 교장을 선발하기 위한 다양한 방법을 생각해 보자: 학교장의 최고조건, 이제는 리더
　　십이다」.『교육개발』31(4). 충북대학교 교육개발연구소, pp.39-54.

한진상 · 홍원표(2012).「문화적으로 적합한 교수법의 관점을 통해 본 초등 다문화교육의 한계와 개선 방안」.『초등교육연구』25(3). 한국초등교육학회, pp.207-233.

함희주(2003).「초등학교 교육에서 다문화적 음악교육 적용가능성 탐색」.『음악교육연구』25. 한국음악교육학회, pp.101-127.

허은영 · 최지연(2011).「초등학교 실과 '가정생활' 영역 교육 내용에 터실은 대한 다문화 실과교육 프로그램 개발」.『한국실과 교육학회지』24(2). 한국실과교육학회, pp.165-192.

헨리 민츠버그 · 존 코터(2009).『리더십: 변하지 않는 리더십의 원리와 기본』. 현대경제연구원 역. 파주: 21세기북스.

홍장성(2000).「성공한 초등학교장의 역할수행문화 연구」. 경남대학교 대학원 박사학위논문.

황범주(2008).「다문화가정 자녀를 위한 교육정책 분석」. 안양대학교 대학원 박사학위논문.

황옥경(2012).「다문화교육의 방향 모색」.『학교운영위원회』(145). 주간교육신문사, pp.34-40.

황윤세(2009).「유아교육연구에서의 혼합방법론 적용을 위한 예비적 탐색」.『유아교육학논집』13(5). 한국영유아교원교육학회, pp.277-305.

황정미(2010).「다문화 시민 없는 다문화교육: 한국의 다문화 아젠다의 고찰」.『담론』13(2). 한국사회역사학회, pp.93-123.

황혜원(2012).「다문화주의 관련 쟁점에 대한 예비교사의 인식 조사」.『다문화교육연구』5(2). 한국다문화교육학회, pp.27-52.

2. 국외 문헌

A. Tashakkori & C. Teddlie (2001).『통합연구방법론』. 염시창 역. 학지사.

Banks, J. A. (2007). *Educating Citizens in a Multicultural Society* (2th ed.). Teachers College Press.

_____ (2008a). *An Introduction to Multicultural Education* (4th ed.). Allyn and Bacon.

_____ (2008b). Diversity, group identity, and citizenship education in a global age. *Educational researcher*, 37(3), 129-139.

Bennett, C. (2007). *Comprehensive multicultural education: Theory and practice* (5th ed). Boston: Pearson Education, Inc.

Birch, S. H., & Ladd, G. W. (1997). The teacher-child relationship and children's early school adjustment. *Journal of school psychology*, 35(1), 61-79.

Campbell, D. E. (2009). *Choosing Democracy: A Practical Guide to Multicultural Education* (4th ed.). Boston: pearson education.

Davidman, L. (1994). *Teaching with Multicultural Perspective: A practical guide*. New York: Longman Publishing Group.

Duncan, P. W., Propst, M., & Nelson, S. G. (1983). Reliability of the Fugl-Meyer assessment of sensorimotor recovery following cerebrovascular accident. *Physical therapy*, 63(10), 1606-1610.

Fritz, W. & Mollenberg, A. & Chen, G. M. (2001). Measuring intercultural Sensitivity in different cultural context. International Association for Intercultural Communication Studies.

Grant, C. A. & Sleeter, C. E. (1993). Race, class, gender, and disability in the classroom. *Multicultural education: Issues and perspectives,* 48-67.

Greene & J. C. (2006). Toward a Methodology of mixed-methods social inquiry. *Research in the schools*, 13(1), pp. 93-98.

Guba, E. G. & Lincoln, Y. S. (1994). Competing paradigm in qualitative research. In N. K. Denzin & Y. S. Lincoln (Eds.). *Handbook of qualitative research* (105-117), Thousand Oaks, CA; Sage.

Gudykunst, W. B. & Cudykunst, W. B. (2002). *Communicating With Strangers*. McGraw-Hill.

Janice M. Morse & Linda Niehaus (2012). *Mixed Method Design*. 김미영 · 정승은 · 차지영 역. 도서출판 한누리.

Johnson D. W. & Johnson R. T. (2002). *Multicultural education and human relations*. Allyn and Bacon.

Kaplan, A. (1988). 'Scientific research methods'. in J. P. Keeves(ed.), *Educational Research, Methodology, and Measurement: An International Handbook*. New York: Pergamon Press, pp. 87-93.

Lunenburg, F. & Ornstein, A. (2011). *Educational administration: Concepts and practices*(6th ed.). Cengage Learning.

Morris, V. C., Crowson, R. L., Porter-Gehrie, C., & Hurwitz Jr, E. (1984). *Principals in action: The reality of managing schools*. Columbus, OH: Charles E. Merrill.

Nieto, S, (1992). *Affirming diversity: The sociopolitical context of multicultural education*. New York: Longman.

Pang, V. O. (2000). The ethic of caring: Clarifying the foundation of multicultural education. *In The Educational Forum* , 64(1), 25-32.

Rothfarb, S. H. (1992). Perceptions of Intergroup Relations in Secondary Schools of Dade County Public Schools: Results of the Student Multicultural Relations Survey.

Sergiovanni, T. J. (2001). *The Principalship: A Reflective Practice Perspective*. (4th ed.). Allyn & Bacon.

Sparks, D. (1994). A paradigm shift in staff development. *Journal of Development*, 15, 26-28.

Spanierman, L. B., Oh, E., Heppner, P. P., Neville, H. A., Mobley, M., Wright, C. V., Dillon, F. R. & Navarro, R. (2011). The multicultural teaching competency scale: Development and initial validation. *Urban Education*, 46(3), 440-464.

찾아보기